CW00953090

Prifio

HUNANGOFIANT

Maureen Rhys

Gomer

Cyhoeddwyd yn 2006 gan
Wasg Gomer, Llandysul, Ceredigion SA44 4JL

ISBN 1 84323 762 8
ISBN-13 9781843237624

Dymuna'r cyhoeddwyr gydnabod cymorth
Cyngor Llyfrau Cymru.

Argraffwyd a rhwymwyd yng Nghymru gan
Wasg Gomer, Llandysul, Ceredigion

Diolch am bopeth i Robin, Rhys a Guto –
ac i John; mae'r llyfr hwn iddyn nhw ac i'r
wyrion, Richard John a Hannah Jane, a . . .

Diolch hefyd i Bethan Mair, y golygydd,
am gadw cyfrinach – ac am gadw'r fflam
ynghynn!

TEULU

Yr atgof cyntaf sydd gen i o ddweud geiriau ydi pan oeddwn i'n rhyw bum mlwydd oed ac yn chwarae yn y llofft. Roedd yna ryddid i wneud unrhyw beth a fynnwn o fewn rheswm. Unrhyw beth ond mynd i'r llofft sbâr. Yno yr es i am ryw reswm. Heibio i'r clwstwr mawr du o ieir bach yr haf oedd yn clwydo ar y nenfwd uwchben y grisiau, agor drws bychan a chael sioc fy mywyd. Mi redais i ben y grisiau a gweiddi rhywbeth tebyg i:

'Ma' 'na ddyn bach yn cuddio yn y cwpwrdd washstand. Pwy ydi o?'

'Taid John Jones ydi hwnna. Ty'd i lawr y munud 'ma!'

Dyna ateb digon rhesymol i mi ar y pryd. Fy hen-daid ar ochr fy nhad oedd John Jones, creadur go od yn ôl pob sôn. Doedd ryfedd yn y byd, felly, 'i fod o wedi gwthio'i hun i mewn i'r cwpwrdd bach. Erbyn deall, mwgwd Punch a Judy oedd y creadur rhyfeddol, ac nid fy hen-daid o gwbl! Yno i aros tan noswyl Nadolig yr oedd o i fod – ond welais i byth mohono wedyn.

Cael ei fagu hefo teulu pell yn Llwyncoed, Cwm y Glo, wnaeth John Jones – y Llwyncoed hwnnw y sonnir amdano yng ngherdd R. Williams Parry, 'Tylluanod'. Ychydig a ŵyr neb am 'i gefndir o. Y fo fagodd fy nhad, fwy neu lai, pan gollodd o 'i dad yn deirblwydd oed a'i fam yn mynd allan ar y bws i weithio i Gaernarfon bron bob dydd. Bu farw ei wraig, Mam-mam, pan oedd fy nhad rhyw bum mlwydd oed.

Roedd John Jones yn mynnu bod pawb yn bihafio yn ei wydd o – ac ymhobman arall petai'n dod i hynny. Mynd i'r twll tywyll fydda raid am gamfihafio. Y cwpwrdd dan y grisiau oedd hwnnw. Tipyn o gosb i Nhad yn hogyn bach.

Chwarelwr oedd o wrth 'i alwedigaeth. Fel nifer o'i gyfoedion, dechreuodd gymryd diddordeb yn y Cymdeithasau

Adeiladu oedd yn britho'r ardal. O dipyn i beth, gam wrth gam, daeth John Jones yn berchen ar nifer o dai a chael y ffugenw 'Prime Minister Cwm y Glo'. Er mwyn arbed arian, y fo'i hun, hyd y gallai, oedd yn atgyweirio'r tai. Doedd hi'n ddim gan bobl ei weld yn cychwyn am un ar ddeg o'r gloch y nos, lantern a brwsh paent yn un llaw a llwynog ar dennyn, fel ci dof, yn y llaw arall. Er bod y llwynog yn drewi'r lle, feiddiai neb gwyno. Y fo oedd y 'landlord' wedi'r cwbl. Yn byw hefo Taid, ar dennyn hir yng ngardd Eirianfa, y bu'r hen lwynog am flynyddoedd.

Bob bore Sadwrn fe gâi Nhad a'i ddwy gyfnither, Dilys a Rhona, geiniog yr un gan John Jones am ddweud adnod – a'r ceiniogau hynny'n cael eu tynnu, fesul un, allan o gadach sidan gwyrdd, yn ôl Nhad.

Mae'n rhaid bod cael ein magu hefo neiniau a teidiau yn rhedeg yn ein teulu ni. Bu fy mam, Eirlys, yn byw am flynyddoedd gyda'i nain a'i thaid yn nhŷ capel Sardis ym mhentre Dinorwig, rhyw ddeng milltir o Gwm y Glo. Roedd Taid Sardis yn gynghorydd sir ac yn uchel ei barch yn y gymdeithas, fel ag yr oedd 'i fab o, fy nhaid i, Robin Lloyd Jones, neu Taid Cynfi fel roeddan ni blant yn 'i alw fo. Chwarelwr oedd yntau hefyd a diddordeb ysol ganddo mewn gwleidyddiaeth. Llafurwr rhonc oedd o, a rhoddodd lafur oes mewn gwahanol ffyrdd i'w blaid. Dyn 'i blaid a dyn 'i gapel, sef Libanus, capel y Bedyddwyr, Deiniolen. Roedd o'n ddarllenwr mawr hefyd. Yn ein tŷ ni y mae ei set gyflawn, namyn un, o weithiau Charles Dickens, ei hoff awdur. Gwerth cymdeithasol yn hytrach na'r gwerth llenyddol oedd yn mynd â bryd Taid. Ond Niclas y Glais oedd ei hoff fardd.

O ardal Clynnog yr oedd Nain Cynfi yn hanu, ond ei bod wedi symud oddi yno ers blynyddoedd. Mae gen i gof bychan o fam Nain, Nain Isallt. Dynas yn gwisgo dillad tywyll, a gwên ar 'i hwyneb, oedd hi. Cafodd un o'i meibion, Dewyrth Wil, ei glwyfo yn y Rhyfel Byd Cyntaf ac, o ganlyniad i'r clwyfo hynny, magodd ryw afiechyd a'i gadawodd o'n ddiffrwyth am weddill ei oes. Ei fam a'i deulu agos fu'n gofalu amdano am dros ddeng mlynedd ar hugain. Mi fydden nhw'n ei fwydo a'i symud yn y gwely bob hyn a hyn rhag iddo gael briwiau wrth aros yn ei unfan ddydd a nos. Mater o falchder i'r teulu oedd na chafodd yr un briw ar ei gorff yn ystod yr holl amser y bu'n gorwedd. Er mai cof bychan iawn sydd gen i ohono fo, mae yna ddau beth sydd wedi aros efo mi. Y cyntaf oedd y drych oedd ar y wal wrth erchwyn ei wely. Dyna'i gysylltiad o â'r byd mawr y tu allan. Yn y drych roedd o'n gallu gweld pawb yn cerdded ar y stryd y tu allan. Yr ail beth oedd ysmygu. Mi fyddai o'n hoff iawn o'i sigarét, ond dim ond hanner un ar y tro. Mi fyddai rhywun yn rhoi'r sigarét yn 'i geg o a'i thanio hi wedyn ac yntau'n mwynhau pob eiliad o'r mygyn – a'r llwch yn disgyn i'r blwch oedd wedi cael ei osod ar 'i frest o.

Does ryfedd yn y byd felly i mi, cyntafanedig Tom ac Eirlys Jones, gael fy magu hefo fy nain. Mam 'y nhad oedd Sarah Catherine, ac o fewn pedair wal ein tŷ ni, unig blentyn oeddwn i. Dim ond ychydig i lawr y lôn yr oedd Dad a Mam, Michael, Meurig ac, yn ddiweddarach, Malcolm yn byw – ond ar wahân i ni'n dwy.

Mi fyddwn yn mynd at Mam i ddysgu sut i wneud syms, yn arbennig felly ar gyfer y 'sgolarship'. Athrawes dda oedd Mam, a digonedd o amynedd i egluro popeth yn bwyllog. Deg oed oeddwn i ar y pryd, ac mae symiau ar 'u symla yn parhau'n ddirgelwch imi!

CWM Y GLO

Roeddan ni'n byw mewn rhyw dir neb yn y Cwm – pum milltir a hanner o Gaernarfon un ffordd, a phentre Llanberis ddwy filltir y ffordd arall. Dim digon agos i fod wrth droed yr Wyddfa, ond dim digon pell i allu gweld cadernid Eryri yn ei holl ogoniant chwaith. Waeth beth a phwy arall sy'n mynd ac yn dod, mae mynyddoedd Eryri yn oesol; hen ffrindiau ydyn nhw. Pentre bychan oedd, ac ydi, Cwm y Glo o hyd – neu Cwm y Clo, heb y treiglad, yn ôl rhai. Gallasai'r ddwy ffurf fod yn gywir. Ar un adeg yr oedd yna ddiwydiant bychan ffyniannus yn y Cwm, sef llosgi coed i wneud siarcol. Dyna'r enw Cwm y Glo felly yn disgyn yn dwt i'w le. Ar y llaw arall, ar un adeg roedd yn amhosib mynd yn rhwydd i Lanberis o'r Cwm, heblaw mewn cwch o Ben y Llyn a oedd ar gyrion y pentre. Dyna Gwm y Clo. Cwm y Glo a orfu.

Yn y pedwar degau a'r pum degau, digon tebyg oedd ein pentre ni i unrhyw bentre arall yn ystod y cyfnod hwnnw. Siopau, dau gapel ac eglwys, ysgol a neuadd – neu yr Hall fel yr oedd pawb yn 'i galw hi'r adeg honno. Gair Cymraeg oedd Hall i mi. Un Hall oedd yna drwy'r byd i gyd, a ni oedd piau hi. Roedd yno le i wneud te, ystafell *billiards* i'r dynion, llwyfan, a lle i ryw gant o bobl eistedd pan fyddai'r seddi wedi'u gosod yn rhesi twt.

Yn yr Hall y ces i fy mhrofiad cyntaf o weld drama. Roedd dwy chwaer i'r dramodydd Huw Lloyd Edwards yn byw yn y pentre, yn wragedd tu hwnt o weithgar, ac yn rhai da am dynnu pobl at 'i gilydd. Yn anffodus, amharod iawn oedd nifer o'r dynion i ymgymryd â'r dasg o fod yn actorion dros dro. 'Rhywbeth i chi'r merched ydi petha felly.' Dyna fyddai'r gân yn wastadol. Doedd dim amdani felly ond i rai o'r merched newid rhywogaeth am y noson. Siwtiau brethyn yn amlach na

pheidio fyddai'r wisg, a gwalltiau'r dynion – y dynion dros dro
– yn sgleinio o briliantîn. Yn hytrach na thrafferthu efo mwstásh
gosod, gwell o lawer oedd paentio un efo colur. Pa ots – roedd
popeth yn disgyn i'w le bob tro a phawb yn edrych ymlaen at y
perfformiad nesa.

Roeddan ni'n hunangynhaliol, fwy neu lai. Wyddwn i ddim
bod y ffasiwn air â *delicatessen* yn bod bryd hynny, ond siop
felly, a mwy, oedd siop Mr Llew Hughes. Unwaith erioed, hyd y
cofia i, y dywedais wrth Nain 'mod i'n mynd i siop Llew. Os
do! Mr Hughes oedd o i mi, a ddylwn i byth anghofio hynny.
Wnes i ddim chwaith. Mr Hughes, a'i chwaer, Lisi Huws, fel
pìn mewn papur yn eu cotiau gwynion. Mi fydda'n rhaid
crwydro ymhell cyn gweld cystal siop groser. Ychydig ddrysau i
lawr y lôn, Lisi Davies yn 'i siop fach yn rhuthro o'r cefn dan
sychu'i dwylo yn 'i barclod a phwyso cnegwarth o dda-da yn y
glorian bres, a honno'n sgleinio fel swllt. Dafydd ac Ena oedd
yn cadw'r Post, bob amser mor barod eu cymwynas, yn
enwedig wrth ddanfon negeseuon ffôn neu delegram, ac Alice
yn gofalu am y siop oedd ynghlwm wrth y Post. Becws go iawn
oedd becws Mrs Chick a Mrs Watkins, chwiorydd Huw Lloyd
Edwards, a'u gwŷr. Torth geiniog fyddwn i'n 'i hoffi. Torth
fechan fach oedd hon, wedi'i ffurfio'n berffaith ac yn cael 'i
bwyta'n boeth efo menyn ffres. Ar ben y lôn roedd siop Mrs
Sharp, gwraig fonheddig, benwyn, yn gwerthu da-da a phapurau
dyddiol – a phapurau Sul, 'ran hynny. Garej fechan oedd garej
Mr Chick a dyfodd yn gyflym mewn enw a maint. Cwm y Glo
oedd Cwm y Glo a neb, am wn i, am iddo fod yn wahanol.

Welais i 'rioed mo fy nain yn gwneud *chips*. Mi ofynnais
ganwaith am gael rhai, ond yr un fyddai'r ateb bob tro: 'Dyna ti
un peth na fedra i mo'i wneud.' I mi yr adeg honno, ateb
rhyfedd iawn oedd hynny a hithau'n un mor dda am wneud
bwyd. Y rheswm oedd mai dim ond stôf baraffîn a phopty-grât
oedd yn ein tŷ ni. Mi fyddwn yn cael tatws yn popty a phwdin
reis gwerth chweil, ond mi fyddai'n beryg bywyd i fentro
gwneud *chips* ar y stôf baraffîn. Felly bob nos Wener mi fyddwn
yn mynd ar bererindod i lawr y lôn i'r siop *chips*. Y drefn fydda

mynd â dysgl a lliain sychu llestri glân a rhoi'r ddysgl i Mrs Fowler i'w chynhesu. Wedyn aros fy nhro, cael llond y ddysgl o *chips*, rhoi'r lliain ar ben y cwbl a cherdded, byth rhedeg, mor gyflym ag y gallwn adre i fwynhau'r wledd.

Ar gyrion y pentre roedd yna un tŷ tafarn sef, 'Y Fricsan', am mai trwy roi bricsan ar fricsan yr adeiladwyd hi, mae'n debyg, a hefyd siop arall, siop Megan neu siop stesion. Cyn dyddiau Doctor Beeching roedd yna stesion yn y Cwm a'r daith o Gaernarfon i Lanberis, o ran yr olygfa, yn werth 'i gwneud. Roedd yna ddigonedd o betha da i'w prynu yn y siop ar gyfer y daith hefyd.

Mae'n anodd credu bod yr holl siopau yna, mewn un pentre bach, yn gwerthu bwyd ac yn ffynnu. Y peth agosaf i archfarchnad oedd y Co-op, ychydig filltiroedd i ffwrdd. Fel y byddai Nain Cynfi'n dweud, 'Ni pia hi, a ma' hi'n talu *dividend'*.

Yn y Cwm roedd yna siop gwerthu dillad hefyd – dillad o safon, a'r rheini i'w cael trwy dalu swm bob wythnos. Dydi hynny'n ddim gwahanol i dalu bob mis gyda cherdyn credyd heddiw, am wn i. Mi fyddai pobl yr ardal, hyd yn oed o Gaernarfon, yn dod yno i siopa. Nid gwerthu dillad yn unig fyddan nhw, ond gwerthu sgidia o safon hefyd. Roedd hi'n siop enwog yn yr ardal – siop ag enw da iddi – ac Yncl Eric, cefnder i Nhad, oedd yn berchen arni. Mi fyddai Miss Parry y tu ôl i'r cownter wedi'i gwisgo'n smart, a gwên o groeso ar ei hwyneb bob amser. Roedd yno stafell yng nghefn y siop, un arbennig i'r 'sanhedrin'. Yno cafwyd ambell i ddadl benboeth am deulu, gwleidyddiaeth a chrefydd. Y frawddeg y byddai Miss Parry'n ei dweud amlaf, mae'n debyg, oedd 'Ma' Eric yn y cefn; mi a' i i'w nôl o rŵan'. Mi fu Anti Margaret, Meira ac yntau'n hynod o garedig wrtha i dros y blynyddoedd.

ALLAN BOB NOS

Capel Bach a Capel Mawr, dyna'r ddau gapel. Roedd yr un bach yn perthyn i'r Annibynwyr; yn ôl y stori, mynnodd y Methodistiaid gael capel mwy a dyna sut y daeth y ddau gapel i gael eu hadnabod fel y bach a'r mawr ar lafar gwlad.

Mi fyddan ni'r plant yn canu hen rigwm oedd yn mynd fel hyn:

> Methodistiaid creulon cas,
> Yn mynd i'r capel heb ddim gras;
> Gosod seddi i bobl fawr
> A gadael tlodion ar y llawr.

Doedd y Bedyddwyr ddim yn holliach chwaith!

> Baptists y dŵr
> yn meddwl yn siŵr
> na chaiff neb fynd i'r nefoedd
> . . . ond y nhw!

Mi fyddai pawb yn cwffio'i gornel 'i hun. Chofia i ddim fod yr Eglwyswrs na'r Annibynwyr yn cael eu cystwyo yn y fath fodd!

Methodistiaid oeddan ni ac yn mynychu'n rheolaidd, er mai yn yr Eglwys y magwyd fy nain. Roedd ei chefnder ar un adeg yn Berson yn Llanddeiniolen, ac yn un o deulu'r Jervis, y teulu y mae Caradog Prichard yn sôn amdano yn ei hunangofiant, *Afal Drwg Adda*. Methodist Calfinaidd trwy briodas oedd Nain, a mynd i'r capel i ddangos wyneb yn hytrach nag o argyhoeddiad y byddai hi. Ar ôl dweud hynny, roedd mynd i'r Ysgol Sul at Mr Humphrey a Mr Maurice Jones yn rhan bwysig o'r Sul. Roeddwn i'n mwynhau mynd.

Ar un adeg yn ystod y gwasanaethau mi fyddwn i'n cael y

teimlad cryf yma fy mod i'n berson mor dda, fel y dylwn i fod yn lleian. Mi barodd y teimlad hwnnw am beth amser. I brofi i mi fy hun pa mor dda oeddwn i, mi fyddwn yn gorfodi fy hun i feddwl am eiriau hyll. Geiriau fel 'diawl' ac 'uffern' a 'blydi' ac yn syth bìn 'u hel nhw o'm meddwl. Mynd heibio wnaeth y teimlad, diolch byth, a minna'n teimlo rhyddhad 'i fod o wedi mynd.

Y diweddar Barchedig Bryn Roberts oedd ein gweinidog ni. Ac yntau'n dad i bedwar o blant, roedd o'n deall pa mor awyddus oeddan ni blant i gael y cyfle i ollwng stêm. Heblaw'r cyfarfodydd arferol fel y Band of Hope, y Gymdeithas a cheisio dysgu'r tonic sol-ffa, penderfynwyd llwyfannu pasiant. Y teitl fyddai 'Beibl i Bawb o Bobl y Byd'. Dyma gyfle nid yn unig i blant y capel ddod at 'i gilydd, ond i nifer fawr o blant y pentre hefyd. Roedd y pasiant yn gymysgedd difyr o'r gair a'r gân: caneuon poblogaidd y byddan ni blant yn 'u canu, emynau a chaneuon yr oes honno:

> Draw draw yn Tsieina a thiroedd Japan,
> plant bach melynion sy'n byw.
> Dim ond eilunod o'u cylch ymhob man,
> Neb i ddweud am Dduw.
> Iesu cofia'r plant . . .

Fel yna y mae'n troi yn 'y mhen i. Un arall oedd 'Lle treigla'r Caveri yn donnau tryloywon . . .'. Pasiant oedd o i godi arian at y genhadaeth – ac yn llawer mwy o hwyl na churo drysa i gasglu pres. Buom yn ymarfer yn galed am wythnosau – nid ni'r plant yn unig ond y rhieni hefyd, yn morol am y gwisgoedd, yr ochr dechnegol a hyd yn oed anfon i ffwrdd am golur llwyfan. Collodd ambell i dŷ lieiniau byrddau, cyrtansiau a chynfasau gwlâu yn y cyfnod hwnnw. Byddai fy mam yn gallu gweddnewid darn di-nod o ddeunydd i fod yn gant a mil o wahanol bethau, a gallai wneud i ychydig fynd ymhell.

Cynfasau cotwm gwyn oedd gan bawb bryd hynny, felly tasg fy nain oedd llifo ambell un. Nid bod llifo dillad yn beth anghyffredin yn y pum degau. Dyna'r ffordd orau bosibl i weddnewid dilledyn. Mewn ychydig oriau gallasai blows bygddu droi allan yn flows werdd drawiadol. Mi fydda 'na ferwi dŵr am oria yn y crochan bach ar yr stôf baraffîn. Allan yn y cwt bach oedd honno a'r lle yn stêm i gyd – y peth tebyca welsoch chi 'rioed i gamu i mewn i ystafell stêm mewn spa. Be ddwedai Nain am hynny, tybed? Mewn twb golchi sinc y byddai'r pethau mawr yn cael eu llifo, y math o dwb sinc sy'n cael 'i roi mewn gerddi erbyn hyn i dyfu blodau ynddyn nhw. Roedd modd rhoi bywyd newydd i hen gynfas hefyd trwy ychwanegu'r hyn a elwid ar lafar yn 'lliw glas'. Dyna'n llythrennol oedd o hefyd, a'r wawr leiaf o las yn gwneud i'r gwyn edrych yn wynnach.

Awdur y pasiant oedd Mr Willie Jones, Eirianfa; cymwynaswr bro os bu un erioed. Dyn yn gweithio'n ddiflino, yn ddi-dâl a heb fynnu cael sylw chwaith. Wrth law bob amser byddai ei ffrind, Mr Gwilym Evans, yntau yr un mor ddiymhongar.

Amser braf oedd hi yr adeg honno. Allan bron bob nos yn gwneud rhywbeth neu'i gilydd, criw ohonon ni efo'n gilydd. Doedd dim pwysa ar neb i wneud dim yn unigol ac roedd digon o le a chyfle i bawb. Yn festri'r capel yn y Cwm y perfformiodd Ryan Davies a Rhydderch Jones eu noson lawen gyntaf, pan oeddan nhw'n fyfyrwyr yn y Coleg Normal. Tri arall o griw talentog y Normal ddaeth acw oedd Margaret Williams, Robin Jones a Geraint Jones. Alla i ddim gweld 'u bod nhw wedi newid o ran pryd a gwedd na phoblogrwydd tros y blynyddoedd.

Digwyddiad mawr yr haf oedd trip yr Ysgol Sul. Un o'r diwrnodau mawr oedd diwrnod cyfri'r 'pres tramping' – yr arian oeddan ni wedi'i gasglu ar hyd y flwyddyn ar gyfer y trip. Yn ychwanegol at hynny roeddan ni'n cael hanner coron yr un i'w wario yn y Rhyl – deuddeg ceiniog a hanner yn ein harian ni heddiw, ond yn gildwrn gwerth 'i gael yr adeg honno.

Yn ôl y *Rhodd Mam*, dau fath o blant sydd – plant da a phlant drwg. Dim ond plant da oedd yn cael anrhegion gan

Santa Clôs, a dim ond plant da oedd yn cael mynd ar y trip Ysgol Sul. Mi fydda yna sôn am y trip ychydig ar ôl y Pasg. Galw cyfarfod pwysig er mwyn penderfynu'n gyntaf a fydda yna drip o gwbwl, ac yn ail i ble byddai'r trip yn mynd. Er i ryw un neu ddau o'r criw enwi Caer mewn gobaith o gael diwrnod o siopa, gwgu y byddai'r rhan fwyaf ohonon ni ar hynny – a ninnau'r plant yn gweddïo na fyddai'r merched yn gweld y cynnig yn un rhy dda i'w wrthod am mai hwn o bosibl fydda'r unig gyfle i fynd i Gaer yn ystod yr haf! Ambell gynnig arall yn awgrymu y dylen ni i gyd, yn oedolion, ieuenctid a phlant, wneud yn fawr o'r cyfle i fynd ar ryw bererindod i weld bedd rhywun enwog, heb enwi neb penodol. I ni'r plant, doedd yna neb na dim yn fwy enwog na'r Rhyl. Diolch byth, yn ddieithriad, i'r Rhyl y bydden ni'n mynd yn llu – plant Cwm a nifer o bentrefi cyfagos yn mynd ar yr un diwrnod.

Mi fyddan ni'n trio bod yn blant da am wythnosau cyn y trip, a chrafu pob ceiniog y medran ni at ei gilydd. Mi fyddwn i'n golchi llestri yn aml am ryw fis cyn y diwrnod mawr. Dwi'n cofio adeg pan fyddwn i'n gorfod sefyll ar ben cadair i wneud hynny, a barclod wedi'i glymu am fy nghanol i.

O'r diwedd, dyma'r diwrnod mawr yn cyrraedd. Methu'n glir â bwyta brecwast a Nain yn mynnu fy mod i'n bwyta brechdan a llwyaid o *Malt*. Dim ond slempan cath o ymolchi, am fod yr ymolchi mawr wedi'i wneud y noson cynt, a'r dillad – yn ddieithriad, ffrog efo *smocking* arni – wedi'u gosod yn ofalus ar y gwely yn yr ystafell sbâr. Mi fyddai pawb allan cyn i'r 'siari-bangs' gyrraedd, tri neu bedwar ohonyn nhw, a thrafodaeth wedyn am bwy oedd yn mynd i eistedd efo pwy.

'Hwrê' fawr wrth i ni gychwyn ar ein siwrnai, a cryn siwrnai oedd hi hefyd yn y pum degau. Wrth i ni weld y *Marine Lake*, 'hwrê' fawr arall am ein bod ni o'r diwedd wedi cyrraedd y Rhyl. Pe bai ond y mymryn lleiaf o haul, mi fyddwn i'n mynd yn syth bìn i brynu pwced a rhaw. Fyddai diwrnod yn y Rhyl ddim yn gyflawn heb o leia roi ein traed yn y môr a chodi castell tywod. Cael cinio brysiog a gwibdaith o gwmpas y siopau er mwyn prynu anrheg fach i fynd adre i Nain, a chael prynu rhywbeth gwerth chweil fel bag ysgwydd i mi fy hun. Cerdded wedyn at y *Marine Lake*. Uchafbwynt y diwrnod oedd cyrraedd y lle hwnnw a dechrau ar y gwario go iawn. Mynd ar y ceffylau bach, y chwyrligwgan, y trên ysbryd, taflu peli a dymchwel cnau-coco, a hwyl fawr wrth fynd i'r ystafell ddrychau a gweld ein hunain bob stumiau – yn dew, yn denau, yn fyr ac yn dal. Licio fo neu beidio, ar y trip Ysgol Sul roedd yn rhaid cael *candy floss*. Dyna'r peth tebycaf a welsoch erioed i fop o wallt pinc neu *brillo-pad* anferth ar ben pensil, a hwnnw'n afiach o felys. Welais i erioed mohono yn unman arall, dim ond yn y Rhyl. Y peth olaf un cyn troi am adref oedd mynd am drip yn y trên bach o amgylch y llyn. I goroni'r diwrnod, cael 'chips a fish' mewn papur ar y ffordd yn ôl. Am ddiwrnod a hanner oedd hwnnw, a digon i'w ddweud wrth Nain ar ôl cyrraedd adre.

Rhwng y trip a'r Nadolig, yn ystod mis Hydref, roedd hi'n Ddiolchgarwch arnan ni a'r chwarel yn cau ar y dydd Llun. Er ein bod ni'n mynd i'r capel deirgwaith yn ystod y dydd, mi fyddan ni hefyd yn mynd i gael cipolwg ar yr eglwys. A dyna ddel yr edrychai honno, a gwaith mawr wedi mynd i'w haddurno hi. Mi fyddai'r becws wedi pobi pob math o dorthau, a'r lle yn llawn o roddion – yn duniau bwyd o bob math, yn flodau ac yn ffrwythau. Ychydig ddyddiau wedi'r Diolchgarwch mi fydda yna *Jumble Sale* yn yr ysgol a'r holl nwyddau, a mwy, yn cael eu gwerthu. Arogl ffarwél haf ydi arogl Diolchgarwch i mi, a dyna ddechrau'r gaeaf hefyd.

Fy hoff ddathliad i o'r flwyddyn i gyd oedd y Nadolig. Mi fyddai'r ŵyl yn dechrau'n syth ar ôl y Diolchgarwch. Byddai Nain yn prynu'r ffrwythau sych yn rhydd, o dipyn i beth – hyd yn oed yr adeg honno roeddan nhw'n ddrud i'w prynu. Wedi iddi wneud y deisen byddai'n ei bwydo'n ysbeidiol efo brandi dros y chwech wythnos, dim ond y mymryn lleiaf ar y tro, o botel fechan. Tywallt y brandi i nifer o dyllau roedd hi wedi eu gwneud yn y deisen efo gweillan weu, wedyn rhoi marsipan cartre arni. Disgwyl wedyn am rai wythnosau nes y byddai'n amser i Miss Price ddod i'w haddurno hi. Noson fawr oedd honno, a Nain wedi berwi darn o ham at swper. Yr addurno gyntaf a'r swper wedyn. *High Class Confectioner* oedd Miss Price wrth ei galwedigaeth ac yn cyflawni artistwaith dim ond efo darn o bapur saim a rhyw un neu ddau o declynnau bychain. Mi fyddai'r deisen yn werth ei gweld bob blwyddyn. Châi'r frenhines 'i hun ddim gwell na'n teisen Nadolig ni. 'Dim ond y gora i chi, Mrs Jones,' fydda sylw Miss Price. Finna'n meddwl pa mor bwysig a lwcus oedd Nain a fi i gael y fath deisen. Clirio'r bwrdd wedyn a hwylio swper. Noson braf a noson hwyr.

Doedd hi ddim yn arfar gynnon ni i berfformio drama'r geni, ond byddai Santa Clôs yn galw bob blwyddyn. Y drefn fyddai darllen o'r Beibl am wyrth y geni – 'Ac yr oedd yn y wlad honno fugeiliaid yn aros yn y maes ac yn gwylied eu praidd liw nos . . .' – ac wedyn ateb ychydig o gwestiynau. Doedd yna ddim byd ffwrdd-â-hi ynghylch y rhan hon o'r noson. Ond mi fydda 'na dipyn o firi ar ôl hynny, wrth ddisgwyl am Santa Clôs. Yr unig ddrwg oedd 'i fod o'n cymryd tipyn o amser i gyrraedd y festri. Wedi iddo gychwyn o Lanberis a dod heibio Pen Llyn, mi fydda'n rhaid iddo gael paned o de a *mince pie* yn nhŷ Anti Neli cyn mentro i fyny'r allt. Y fo oedd y dyn caredicaf a'r clyfra'n bod. Nid yn unig roedd yn dod ag anrheg, ond sut yn y byd roedd o'n gwybod pa anrheg i'w rhoi i bwy? I ffwrdd â fo wedyn i orffwys tan y diwrnod mawr.

Yn y gwanwyn y bydda'r llnau mawr yn digwydd yn y tŷ, ond mi fydda yna dorchi llewys ychydig wythnosau cyn y Nadolig hefyd a phobman yn sgleinio. Ychydig iawn o drimins oedd yn tŷ ni; yn nhŷ Mam a Dad a'r hogia yr oedd y trimins. Dim ond celyn ac aeron arno fo oedd acw.

Nid am Santa Clôs yn unig y byddwn i'n disgwyl ar fore Nadolig, ond disgwyl hefyd am anrheg Anti Dilys ac Yncl Les yr holl ffordd o Corfe Castle. Wedi mynd yno i ddysgu, am bod gwaith yn brin adre, yr oedd Anti Dilys, ar ôl cael 'i hyfforddi yn y Coleg Normal. Priodi ac aros yno wedyn. Wedi i anrhegion Siôn Corn gael eu hagor, y ddefod fyddai agor y bocs mawr, oedd wedi cyrraedd ar fore Dolig yr adeg honno. Ynddo, mi fyddai anrheg i bawb o'r teulu a'r rheiny wedi eu gosod yn ofalus fesul un mewn papur Nadolig. Yng ngwaelod y bocs mi fydda yna ddillad i mi. Ffrogia del efo *smocking*, a chardigan neu ddwy yn 'u canol nhw: nid rhai oedd yn gwneud imi bigo drostaf, ond rhai y medrwn i eu rhoi amdanaf heb wybod 'y mod i'n 'u gwisgo nhw bron.

Ar ôl llond bol o ginio, chwarae a mynd i weld beth roedd Michael a Meurig wedi'i gael gan Santa Clôs. Ar ôl cyrraedd adre, cael te yn y stafell ffrynt o flaen tanllwyth o dân. Cyn mynd i'r gwely, mwynhau swper o sleisen o gyw iâr, stwffin cartre, tomato a bara menyn. Mi fyddai'r diwrnod yn dod i ben yn rhy fuan o lawer pan ddywedai Nain 'i bod hi'n amser 'mynd am y lle sgwâr'.

Y NYTH DRYW

'Roedd o fel nyth dryw gin dy nain.' Dyna ddwedodd Anti Neli wrtha i ryw ugain mlynedd yn ôl bellach pan oeddwn i'n recordio rhaglen ac yn mynd heibio'r hen gartref. Glyndŵr Cottage, yr unig dŷ â'i dalcen at y lôn, ac un o'r tai hynaf yn y pentre, meddan nhw.

Dros y ffordd i dŷ Nain a fi y byddai'r bysys chwarel yn stopio. Y rheiny'n orlawn a phawb yn gwisgo sgidiau hoelion mawr. Mi fyddai ambell un yn rhoi naid oddi ar y bws cyn iddo stopio'n iawn, a chrafiad yr hoelion ar y tar-mac yn gwneud i wreichion dasgu i bobman – yn union fel y sêr bychan oedd yn yr awyr wrth i ni'n dwy gerdded o'r Winllan a hitha'n nosi. Y Winllan oedd cartre Goronwy, brawd fy nain – y fo, Anti Sidney a'r tair chwaer ddel, Catherine, Olwen a Mair. Roeddwn i wrth fy modd yn mynd yno. Er bod Yncl Goronwy yn of yn y chwarel, roedd o'n gweithio'r tyddyn yn ogystal ac yn tyfu grawnwin yn y tŷ gwydr – tipyn o gamp dros hanner canrif yn ôl!

Cael aros yn y Winllan i rannu swper chwarel oedd yn braf, yn enwedig tatws wedi ffrio a beth bynnag fyddai'n dod i'w canlyn nhw. Y tatws wedi ffrio oedd yn bwysig i mi. Doedd yna neb arall yn y byd yn medru gwneud tatws wedi ffrio fel Anti Sidney. Yn amlach na pheidio mi fydda yna fenyn bach i fynd adref hefo ni. Lwmp melyn crwn, blasus, a hwnnw'n cael ei daenu'n dew ar y bara ac yn gorffen yn rhy gyflym o'r hanner. Mi welais i Nain fwy nag unwaith yn prynu chwarter pwys o fenyn a chwarter pwys o'r marjarîn gorau a'u cymysgu nhw. Y broses fyddai rhoi pinsiad neu ddau o halen ar ben y menyn a'r marjarîn a'u cymysgu'n dda, a hynny am sbel go lew. Cymysgu a chymysgu nes bod pob diferyn o wlybaniaeth wedi dod i'r wyneb. Cael gwared o hwnnw wedyn a rhoi'r cyfan mewn dysgl fenyn bwrpasol a gwneud rhyw batrwm ar yr wyneb gyda chyllell. Wnaeth neb erioed gwyno am fara menyn Nain.

Weithiau mi fydda hi wedi dechrau nosi cyn i ni gychwyn am adref o'r Winllan a Nain yn canu i basio'r amser. Y ffefryn fydda:

Hen leuad wen uwch ben y byd,
A ddoist ti o hyd i Gymro
A aeth ymhell o'i wlad ei hun
O Lŷn i San Francisco?

Nid i'r Winllan yn unig y byddan ni'n cerdded; mi fyddan ni'n mynd am dro yn aml. Cerdded mynwentydd weithia, a dwy yn benodol – mynwent Llanrug a mynwent Llanddeiniolen – gan hel pricia wrth fynd ar ein hynt. Welais i 'rioed mo Nain heb 'i bag lledr yn 'i llaw. Un bag oedd 'i angen, ond gofalu 'i fod o'n un lledr er mwyn iddo bara am byth. Mi fûm i'n hel pricia wrth droed yr ywen yn Llanddeiniolen ymhell cyn dod i wybod am W. J. Gruffydd, a meddwl am gael tŷ bach i mi fy hun yn 'i chysgod hi ar ôl i mi dyfu'n fawr.

Ym mynwent Llanddeiniolen y claddwyd nifer o deulu Nain. Er enghraifft, Sarah Williams, fy hen hen nain i, a oedd yn briod â Robert Williams, Glan Arthur, Llanddeiniolen. Mae ei cherdyn coffa hi yn dangos iddi farw ar Fai 27ain, 1899 yn 75 mlwydd oed. Yn nodweddiadol o'r oes, trwm iawn ydi'r adnod sydd ar y cerdyn:

Canys byw i mi yw Crist, a marw sydd elw. Canys y mae yn gyfyng arnaf o'r ddeutu, gan fod gennyf chwant i'm datod ac i fod gyda Christ; canys llawer iawn gwell ydyw. (Philipiaid 1: 21,23.)

Doedd y cerrig beddau'n poeni dim arna i. On'd oeddwn i wedi rhedeg rhyngddyn nhw ganwaith? Doedd wiw i mi redeg dros y beddau, chwaith. Dangos diffyg parch at y meirw fydda hynny, ond roeddwn i'n methu'n glir â deall pam. Nid y nhw oeddan nhw rŵan, dim ond esgyrn, ac mae esgyrn pawb yr un fath yn union â'i gilydd. 'Paid â potsian' fydda'r ymateb. Nain oedd yn iawn, fel bob amser.

Mi fûm i'n gweld bedd ei chefnder ifanc fwy nag unwaith –
Thomas Humphreys, Y Winllan, Penisa'rwaun, a fu farw ar
Awst 1af 1900 yn bymtheg mlwydd oed. Yn ôl Nain, mae'r
emyn sydd ar y cerdyn coffa yn un a genid yn aml iawn mewn
cnebrynau plant yn y bedwaredd ganrif ar bymtheg. Yn ôl y
cerdyn, roedd yn hoff emyn i Thomas. Pan fyddwn i'n ei
glywed ers talwm, pennill bach oedd o i mi.

> Iesu, cymer fi'n dy gôl,
>   Rhag diffygio;
> Na'd fy enaid bach yn ôl,
>   Sydd yn crwydro;
> Arwain fi trwy'r anial maith,
>   Aml ei rwydau,
> Fel na flinwyf ar fy nhaith,
>   Nes myn'd adre.

Er bod Nain yn cario'r bag lledr hefo hi i bobman Sul, gŵyl
a gwaith, fydda yna ddim casglu coed tân ar ddydd Sul. Yn
naturiol, fy ymateb i oedd 'pam?'. Yr esboniad oedd 'Tasen ni'n
gwneud hynny mi fyddan ni'n cael ein gweld – yn lle'r dyn sy'n
y lleuad ac yn gorfod gwau 'sanau'. Buan iawn y tyfais i allan o
gredu'r stori honno! Dangos parch at y Sul oedd y rheswm dros
i ni beidio casglu'r coed tân, yn union fel yr oedd y tatws a'r
llysiau yn cael eu paratoi ar nos Sadwrn. Dim ond 'u berwi nhw
fydda raid wedyn. Fydda yna ddim gwau na gwnïo ar y Sul
chwaith, oni bai bod wirioneddol raid. Dydd o orffwys oedd y
Sul. Wnes i erioed feddwl amdano fo fel diwrnod diflas,
chwaith, yn rhannol am fod Nain fel petai hi wedi ymlacio ac yn
aml yn canu o dan 'i gwynt.

Am ddynas oedd yn clwydo mor gynnar â fy nain, roeddan
ni allan yn reit hwyr weithiau. Ar noson dywyllach nag arfer mi
fyddai arna i ofn. 'Twt lol,' fydda'i hymateb, 'weli di ddim byd
gwaeth na chdi dy hun.' Wedi inni gyrraedd adre o fewn y
pedair wal roedd yna olau a chynhesrwydd a chariad. Welais i
erioed mohoni'n crio, chwaith. Piti garw am hynny. Roddodd hi

'rioed gusan i mi chwaith, na charu mawr. I Nain, arwydd o wendid oedd dangos rhyw deimladau felly. Ond mi roedd hi'n fy ngharu i, rydw i'n berffaith sicr o hynny.

Dynas fechan, dwt, bryd golau oedd hi a rhyw urddas rhyfeddol yn perthyn iddi. Mi gafodd ei magu yn Tŷ'n Rardd, Llanddeiniolen, yn weddol gyfforddus ar y dechrau, tan i'r hwch fynd trwy'r siop. Wn i ddim pam na sut y digwyddodd hynny. Yr unig beth wn i ydi nad oedd Nain yn sôn fawr ddim am ei thad ond yn meddwl y byd o'i mam. Bu farw fy hen-nain yn ddynas weddol ifanc a babi bach newyddanedig yn cael ei fedyddio ar yr arch. Yn ôl Nain, digwyddiad digon cyffredin oedd hyn a'r plant wedyn yn cael eu magu gan deulu agos neu hyd yn oed gan deulu pell.

Mi fydda Nain bob amser yn gwisgo sgert a blows, rhai *viyella* yn y gaeaf a rhai golau, sidanaidd yn yr haf – a broits bob amser ar y botwm uchaf. Wrth fynd yn hŷn mi fyddai'n gwisgo perlau, dau linyn, er mwyn cuddio'r pant bach yna yn y gwddf sy'n dod gyda henaint. Yn y tŷ mi fydda hi'n gwisgo slipars, a dim byd ond *court shoes* y tu allan i'r tŷ. Un ofalus iawn oedd hi hefo'i dillad a'r ffordd yr oedd hi'n gwisgo amdani. Mae yna lun ohoni'n ifanc a Nhad yn ei breichiau, ac un botwm o'i blows hi ar agor. Un ar yr ysgwydd ydi o. Mi roedd hynny'n nam mawr, yn ôl Nain. Heblaw bod Dad yn y llun hefyd, mae'n debyg mai ar y tân y byddai'r llun wedi cael mynd.

Byddai ei gwallt hi'n dwt bob amser a'i chroen fel sidan. Y gyfrinach i gael croen llyfn, meddai hi, oedd ymolchi bob dydd mewn dŵr glaw a blodau'r ysgawen wedi'u mwydo ynddo fo. Byddai Anti Magi, chwaer fy nain, yn rhoi'r diferyn lleiaf o *cochineal* mewn *Pond's Vanishing Cream*, dim ond digon i roi arlliw o liw ar y croen.

Roedd Nain yn llawn o syniadau am feddyginiaethau yr oedd hi'n gyfarwydd â nhw pan oedd hi'n blentyn. Rhoi saim gwydd, er enghraifft, mewn gwlanen goch i wella dolur gwddw. Unwaith erioed y cefais i hwnnw. Dwi'n credu i Nain ildio i 'mhrotest a chytuno bod drewi o saim gwydd yn amharchus o henffasiwn erbyn pum degau'r ganrif ddiwethaf.

Un arall oedd y 'powltris', sef bara wedi mwydo mewn dŵr berwedig a'i roi mewn darn o glwt wedi 'i ferwi. Dioddef hwnnw mor boeth â phosibl ar gasgliad neu bendduyn. Mi ddioddefais i hwnnw droeon. Rhaid cyfaddef bod y 'powltris' yn 'gwneud y job', chwedl Nain.

Wedi dioddef y 'powltris', doedd yfed te wermod ddim cymaint o artaith. Tyfu yn yr ardd gefn y byddai hwnnw ac roedd yn gallu gwella unrhyw anhwylder ar y cylla a chant a mil o anhwylderau eraill. Os oedd unrhyw arwydd o fod yn biwis, yna 'casgara' amdani. Diferyn bach o hwnnw mewn llwy de o lefrith ac i lawr y lôn goch â fo. Am flas dieflig o anghynnas oedd ar hwnnw! Roedd hi fel parlwr apothecari acw. Ar ôl dweud hynny, dydw i ddim yn cofio bod yn sâl rhyw lawer. Ofn cyfaddef fy mod i, mae'n siŵr!

Yr unig bethau da i dyfu yn ein gardd ni oedd 'cwsberis', rhai mawr gwyrdd-binc. Y drwg oedd bod gwaharddiad rhag 'u bwyta nhw heb 'u coginio. Yn amrwd, roeddan nhw'n achosi llau pen – neu dyna'r stori o leia, rhag i mi gael fy nhemtio i loddesta ar y ffrwyth. Y nefi wen, dyna'r un peth na fynnwn i ei gael! Yr oedd – ac y mae – gen i lond pen o wallt cyrliog a byddai cael crib mân drwy hwnnw unwaith yr wythnos, 'rhag ofn', yn ddigon drwg, heb orfod dioddef yr un driniaeth unwaith bob dydd drwy'r haf petai pethau'n dod i'r gwaethaf. Mae jam gwsberis yn dal yn ffefryn gen i hyd heddiw ond, rywsut, does yr un yn dod yn agos at hwnnw yr oeddan ni'n 'i fwynhau drwy'r gaeaf pan oeddwn i'n hogan fach. A'r siom ar ôl iddo orffen! Ateb Nain i 'nghwyn i, 'Be gawn ni ar ôl i hwn orffan, Nain?' fyddai 'Brechdan a phoeri, brechdan a phoeri!' sef brechdan a dim byd arall. Doedd hynny ddim yn hollol wir chwaith. On'd oedd rhywun yn gorfod bwyta brechdan hefo popeth yr adeg honno, hyd yn oed jeli?

Popeth yn 'i dymor oedd hi, a byth letys a ffrwythau o wledydd pell yn ystod y gaeaf. Mi fyddai pawb bron yn hel llus a mwyar duon ac yn 'botlo' ffrwythau er mwyn 'u cael nhw fel *stand-by* rhag ofn i rywun alw draw yn annisgwyl. Weithiau, pan fyddai Nain yn teimlo'n glên, mi fasan ni'n cael ychydig o'r eirin efo *evaporated milk* i de dydd Sul. Yn aml iawn mi fydda Anti Neli drws nesa yn gweiddi dros y ffens a theisen blât yn 'i llaw neu ddysgl o bennog picl. Mi fydda Nain yn gwneud bwyd gwerth chweil, ond doedd yna neb tebyg i Anti Neli am wneud teisen gyrants a phennog picl.

Yr haf ydi fy hoff dymor i, ac wedi bod felly erioed. Mae cael bod allan yr haul yn well na photelaid o donig i mi hyd heddiw – ond doedd hynny ddim wrth fodd Nain. Fe'i magwyd hi mewn oes pan oedd croen golau yn arwydd o urddas a thras, a phryd tywyll ydw i. Hyd yn oed ar ddiwrnod braf, heulog, mynnu fy mod i'n gwisgo cardigan fyddai Nain. Pan oeddwn i'n fabi, mi fyddai hi hefyd yn rhoi rhyw lyfiad sydyn ar fy ngwyneb i efo'r clwt gwlyb er mwyn trio goleuo tipyn ar 'y nghroen i. Yn rhyfedd iawn, rai blynyddoedd yn ôl, mi glywais ar y radio bod yna hen arferiad o gadw dŵr dynol mewn tybiau er mwyn 'i ddefnyddio i wynnu calico. Yr ammonia yn y dŵr sy'n gyfrifol am y gwynnu, mae'n debyg. Lwyddodd dim byd i nhroi i yn erbyn yr haul – tydw i wedi eistedd mwy na ddylwn i yn i wres o ar hyd fy oes?

Roedd yr haf yn cyrraedd ein tŷ ni ar ôl troad y rhod, sef yr unfed ar hugain o Fehefin. Diwrnod mawr fydda hwnnw. Diwrnod tynnu'r *liberty bodice*; rhyw fath o wasgod oedd hon, yn cael ei gwisgo dros fest, a rhes o fotymau rwber arni rhag iddyn nhw gael 'u malu wrth fynd drwy'r mangl. Dyna oedd y drefn. Yr adeg hon hefyd mi fydda 'na haid ohonan ni'n mynd i weld yr hogia mawr yn cael 'dowc gynta'r tymor', sef rhoi naid i'r afon, plymio i'r dwfn a dod yn ôl i'r wyneb ymhen ychydig eiliadau. Dim ond yr hogia mawr profiadol oedd yn cael mentro gwneud hyn. Y nhw hefyd fydda'n rhoi ceiniog ar y cledrau cyn rhedeg wedyn i fyny grisiau'r bont trên, aros am y trên i ddod, cael llond ceg o fwg ac am y cynta wedyn i lawr y grisiau – ac am y cynta hefyd i gael y geiniog fflat. Un o'r dorf oeddwn i, yn curo dwylo'n llawn edmygedd o'r hogia dewr.

Tymor y gwyliau oedd yr haf i ninnau hefyd. Er nad oeddan ni'n teithio ymhell, roeddan ni'n mynd am ambell i dramp. Mynd ar fws White Ways o le i le a gorffen y siwrnai ym

Metws-y-coed. Yna, yn ôl yr arfer, cael te bach mewn caffi neis cyn cychwyn am adre. Bob dydd Mawth yn rheolaidd fel cloc mi fyddai Mam yn mynd ar y bws i Ddeiniolen ac ambell waith yn ystod y gwyliau mi fyddwn innau'n mynd efo hi. Mynd i weld Nain a Taid Cynfi ac Ann, chwaer fenga Mam. Dim ond cwta ddeunaw mis sydd rhyngddi hi a mi. Heblaw am Mam ac Ann yr oedd yna dri o blant eraill yn y teulu: Gwyneth, a'r diweddar Robat a Gwilym.

Yn ystod yr haf mi fydda gardd Taid Cynfi'n werth 'i gweld. Gardd hir oedd hi, yn llawn i'r ymylon o datws a llysiau, a blodau hefyd. Dyn a ŵyr sut yr oedd o'n cael yr amser i dendio arni. Peth braf a boddhaus oedd gweld Nain Cynfi'n mynd i'r ardd i nôl tatws yn hytrach na mynd i'r siop i brynu rhai fel y byddan ni'n 'neud.

Yn ystod yr wythnos gyntaf ym mis Awst byddai'r chwarel yn cau a'r drefn fyddai cael tocyn teithio i'r teulu, a hwnnw'n para am wythnos, er mwyn mynd i rywle gwahanol bob dydd. Mi fyddwn i'n cael mynd efo Mam a Dad a'r hogia, Michael a Meurig, rhyw ddau ddiwrnod o'r wythnos ac ar ddydd Gwener mi fydda Mam yn aros adre a Nain yn cael y tocyn. Llandudno oedd 'i ffefryn hi. Yr hyn sy'n aros yn 'y nghof i ydi mynd i drochi yn y dŵr a Nain yn eistedd ar *deckchair* a 'nghardigan i ar 'i glin, yn barod i mi 'i gwisgo amdanaf pan ddown i allan o'r môr. Mynd â bwyd efo ni y byddan ni bob amser – brechdanau tomato oedd y gora gin i am 'u bod nhw'n 'lypach na brechdanau cig. Dim ond un ddiod o lemonêd oedd i'w gael mewn diwrnod, waeth faint o syched fyddai arna i. Erbyn inni gerdded y siopau a chael dewis rhywbeth bychan bach – pwrs fyddai hwnnw bron yn ddieithriad – mi fyddai'n amser mynd adre. Diwrnod hir a braf fyddai hwnnw. Mi fyddai'n fwy o hwyl fyth cael mynd weithiau efo Eryl a Nerys i lan y môr: Mr a Mrs Hughes yn llenwi'r car efo plant a mynd am y dydd – a ninnau'n cael rhedeg yn rhydd.

Y PETHAU BYCHAIN

Dynas hynod o breifat oedd Nain, a chlywais i erioed mohoni'n dweud gair cas am neb. Ei harwyddair hi oedd, 'Rowlia di geiniog ddrwg at rhywun ac mi rowlith yn ôl atat ti'. Wrth gwrs, roedd ganddi hithau, fel pawb arall, ei chas bethau. Ar dop y rhestr roedd ei theimladau cryf yn erbyn rhyfel. Mi glywais ei chyflogwr a'i ffrind, Mrs Josephine Davies, a oedd o'r un genhedlaeth â hi, yn dweud fel hyn: 'Roedd fy nhad yn Rhyfel y Boer, roedd fy ngŵr yn y Rhyfel Byd Cyntaf, roedd fy mab yn yr Ail Ryfel Byd.' Collodd Nain frawd – dau, o bosibl – a chefnder yn y Rhyfel Mawr; aeth un brawd allan ac ni welwyd mohono byth wedyn. Mi fyddai Nain yn gofalu bod yna geiniog neu ddwy yn ei phwrs ar gyfer y *Salvation Army* bob amser.

Mi glywais hi'n adrodd un stori am frawd neu gefnder iddi oedd wedi mynd i gyfarfod recriwtio yn Llanberis pan oedd y Parchedig John Williams, Brynsiencyn, yno. Dyma rywun yn gweiddi o'r dorf pan oedd John Williams yn siarad, 'Cau dy geg y diawl; ti'n cymryd pres am recriwtio i'r Brenin Mawr ac yn recriwtio i George V am ddim!' Er bod fy nain yn rhyw hanner cytuno, roedd ei magwraeth yn peri iddi wfftio braidd at y gŵr a fu mor hy ac amharchus at un a oedd mor uchel ei barch â John Williams. Serch hynny, 'pobl hefo pensil yn eu dwylo yn anfon allan hogiau ifanc hefo bidog yn eu dwylo' oedd y rhyfel i Nain.

'Mae'n rhaid i ti gael ysgol.' Mi glywais hynny ganwaith, ynghyd â 'Mae'n rhaid i ti gael Saesneg. Tydi Cymraeg yn fawr o ddefnydd y tu draw i'r Felinheli.' O'r Felinheli y byddai llawer o lechi chwarel Dinorwig yn cael eu hanfon i bedwar ban byd. Nid dilorni'r Gymraeg roedd Nain o gwbl, na neb tebyg iddi. Yr unig beth oedd yn bwysig iddi hi oedd fy mod i'n gwneud yn fawr o bob cyfle a gawn i ond, ar yr un pryd, 'Paid ti byth ag anghofio o lle ti 'di dŵad'. O'r holl bethau ddwedodd hi wrtha i, hwnna oedd yr un fydda hi'n ei ail-ddweud amlaf.

Welais i mohoni hi'n darllen fawr erioed, dim ond darllen yn uchel bytia o *Rhys Lewis*, Daniel Owen, ei ffefryn hi. Mae'i chopi hi o *Rhys Lewis* ac o *Taith y Pererin* John Bunyan a'r Beibl yma o hyd. Yn ddiweddarach y daeth hi at Tegla Davies a mwynhau ei lyfrau yntau'n arw hefyd. Hyd y gwn i, un darn o'r Beibl wyddai hi ar 'i chof a'r drydedd bennod ar ddeg o lythyr cynta Paul at y Corinthiaid oedd hwnnw. 'I ddweud o'n dda y bydda Nain hefyd. Roedd yn bwysig iddi fy mod i'n darllen. Mi fyddai'n well gan Nain wneud heb dân na mod i heb lyfr.

Yn siop Mr Morris yng Nghaernarfon y byddwn i'n cael fy llyfrau i gyd. Siop enwog oedd hi, a phob math o lyfrau'n cael 'u gwerthu ynddi. Yn ôl pob sôn mi allech chi ofyn am unrhyw lyfr Cymraeg ac mi fyddai'n sicr o fod yno. Hawdd credu hynny hefyd, achos dim ond rhyw dwll bychan oedd yna i Mr Morris roi'i ben drwyddo fo i siarad efo chi. Yno hefyd y byddai *Cymru'r Plant* a'r comic *Hwyl* i'w gael. Wrth law yn y tŷ y mae un o fy ffefrynnau i, sef ail gyfrol *Llyfrau Darllen*, a'r dyddiad 1949 arno ynghyd â'r pris – 3/6 (dwy geiniog ar bymtheg a hanner i ni heddiw). Llyfr amrywiol oedd hwn, yn llawn straeon byrion, cerddi, rhigymau, rhoi'r gair cywir yn y bwlch mewn brawddeg ac yn y cefn ddarnau byr o'r ysgrythur. Un gerdd fyddwn i'n arfer ei darllen wrth y dosbarth yn fy ysgol fach i adre yn y gegin fyddai 'Pobl Ddiarth':

> Daeth pobl ddiarth i'n tŷ ni
> Ddoe'r prynhawn yn gynnar,
> Wedi hedfan dros y môr
> O bellterau daear.
>
> Disgyn wnaethant ar y to,
> Yna'n syth i'w gwely,
> Ac nid hir y buont chwaith
> Cyn eu bod yn cysgu.

Yna deffro gyda'r wawr,
Ac yna trydar, trydar;
Pedair gwennol wedi dod
O bellterau daear.

Yn y llyfr bach hefyd, uwchben llun o'r Wyddfa dan eira,
mae yna ddau gwpled oedd eisoes ar ein wal ni yn y dosbarth:

Hawdd yw dwedyd, 'Dacw'r Wyddfa',
Nid eir trosti ond yn ara'.

Pe buasai'r Wyddfa'n gaws,
Buasai'n haws cael cosyn.

Mi fyddai yna bwyslais mawr ar ddysgu ar y cof pan oeddwn
i'n blentyn, boed hynny yn y capel neu'r ysgol.

Yr hyn oedd yn rhyfedd i mi oedd bod Nain yn anfodlon i mi
sgwennu fel yr o'n i am neud. 'Tria sgwennu efo'r llaw arall.'
Llaw chwith ydw i. Efallai, yn ddistaw bach, bod ar Nain
'chydig o gywilydd ohona i am hynny. Wedi'r cwbl, yn 'i
dyddiau ysgol hi, roedd y 'lefft-handars' dan orfodaeth i
sgwennu efo'r llaw dde, neu gael y fraich chwith wedi'i chlymu
y tu ôl i'w cefn. Dyna oedd cof Nain, beth bynnag.

Yn yr ysgol roedd pawb yn gwneud efo'i gilydd. Ysgol
fechan oedd hi, ac efo Eryl a Heddwen y byddwn i'n chwarae
fwya. Roedd Mrs Jones, mam Heddwen, wedi bod yn nyrs, ac
mi fyddan ninna'n rhedeg i fyny'r grisia'n slei bach ac yn
sbecian ar y llyfra meddygol – yn enwedig y tudalennau amheus
– a meddwl ein bod ni mor feiddgar yn chwilio am luniau
'drwg'. Mae Heddwen ac Eryl y ddwy, fel finna, yn neiniau ein
hunain erbyn hyn.

Un bachgen oedd yn ein dosbarth ni, sef Willie Glyn, hogyn
hynod o swil fyddai'n cochi at 'i glustia dim ond wrth i Miss
Williams alw'i enw fo yn y dosbarth. Mi wnaethon ni sioe yn yr
Hall pan oeddan ni tua saith oed. Alla i ddim cofio'r teitl, dim
ond mai blodau oeddan ni'r genod a Willie oedd Mr Haul. Y fo

yn y canol hefo anferth o goron bapur felyn ar ei ben, a ninnau'n gylch o'i gwmpas o ar y llawr yn cysgu ac yn codi fesul un a dweud 'Bore da, Mr Haul' a Willie'n mynd i'w gilydd i gyd ac yn gwrido'n goch fel tomato. Mae'n siŵr 'i fod o wedi cael ei herian yn o ddrwg gan yr hogia mawr. Gobeithio bod Willie yn ddistaw bach yn meddwl mai eiddigeddus oeddan nhw am 'i fod o mor lwcus fel yr unig hogyn yng nghanol tua naw o ferched.

Miss Williams, Miss Parry, Miss Owen a'r prifathro, Mr Jones – y nhw oedd yr athrawon. Miss Parry dlos, a briododd John Llewelyn Evans a mynd i fyw i Eifionydd, ydi'r unig sydd un ar ôl bellach. Miss Williams oedd fy athrawes gynta i, ac un arbennig oedd hi hefyd. Doedd hi ddim yn ifanc ond, pan o'n i'n dair neu bedair oed, y hi oeddwn i am fod ar ôl i mi dyfu'n hogan fawr. Pan fyddwn i'n chwarae ysgol bach adre, mi fyddwn i'n gloff bob amser. Cloff, yn union fel Miss Williams.

Tra byddwn i'n chwarae ysgol bach, gwrando ar y radio fyddai Nain. Gwrando ar bopeth Cymraeg, ac ambell i beth Saesneg hefyd. David Lloyd oedd y ffefryn; os oeddech chi'n gerddorol ai peidio, y fo oedd y brenin. Rhaglenni radio fel 'Y Noson Lawen', 'Cenwch im yr Hen Ganiadau', 'Teulu'r Siop' a 'Pawb yn ei Dro'. Rhaglen amrywiol oedd honno: byddai gofyn i bobl wneud llinell goll, gorffen brawddeg neu gyfansoddi brawddeg a phob gair yn dechrau efo'r un llythyren. 'Wel, am dda rŵan,' fyddai Nain yn 'i ddweud ar ôl pob eitem. Ffefrynnau eraill oedd 'yr hogia del 'na', Merêd, Cledwyn a Robin – Triawd y Coleg. Mi ddaeth Charles Williams a Richard Hughes, y Co Bach, yn ddau y byddai'n rhaid gollwng pob dim er mwyn gwrando arnyn nhw hefyd. Y deyrnged orau bosibl allai Nain ei rhoi iddyn nhw oedd na chaem ddim byd cystal – ac yn sicr ddim gwell – na nhw yn Saesneg.

'Galw Gari Tryfan' gan Idwal Jones oedd fy ffefryn i. Mi fyddai pawb yn rhedeg adra i wrando ar y gyfres honno. Mae'n amhosibl esbonio i neb heddiw pa mor boblogaidd oedd hi. Y tri dewr, Gari, Alec ac Elen, ar ôl mynd trwy ddŵr a thân, yn gorchfygu'r gelyn. Cael a chael fyddai hi bob tro! Mi fyddwn i'n hoff iawn hefyd o gyfres o'r enw 'Moc'. Huw Lloyd Edwards, dwi bron yn sicr, oedd yr awdur. Mi fyddai 'na lais bloesg yn dweud yn ara' deg, 'Ma Moc yn clywed'. Rhaglenni cyffrous, llawer gwell na'r 'cowbois an' indians' roedd yr hogia'n 'i chwarae.

The Forsyte Saga, dyna un gyfres arall dwi'n 'i chofio, a hynny oherwydd un cymeriad yn unig, cymeriad Irene. Roeddwn i wedi creu darlun byw ohoni yn fy meddwl – merch ddi-golur, naturiol hardd. Flynyddoedd yn ddiweddarach, wrth wylio'r gyfres mewn du a gwyn ar y teledu a Nyree Dawn Porter yn chwarae rhan Irene, dyna siom o weld y colur mor amlwg arni, hyd yn oed o gwmpas 'i llygaid hi. Mi enillodd hi wobr BAFTA am ei pherfformiad, ond yr Irene honno a glywais i ar y radio flynyddoedd ynghynt oedd fy Irene i!

Diwrnod y *Coronation*, dyna'r diwrnod, hyd y cofia i, y gwelais i deledu am y tro cynta. Llond stafell ohonon ni yn nhŷ Yncl Eric ac Anti Margaret. Yr unig beth dwi'n ei gofio o'r diwrnod ydi mod i 'di meddwl pa mor befriog oedd ffrog y frenhines a bod yna goron go iawn ar 'i phen hi. Yr hyn sydd wedi aros efo mi ydi'r gerddoriaeth. Y sŵn yn llenwi'r ystafell a phawb yn eistedd ar flaen 'i sedd. Yn 1953, rhan o ddigwyddiadau'r cyfnod oedd y coroni, a'r ffaith 'i fod o ar y teledu yn ychwanegu rhyw bwysigrwydd ychwanegol at yr achlysur. Dim mwy na 'sbectacl go iawn', fel y byddan ni'n ddweud.

BREUDDWYDIO

Dydd Sadwrn oedd pinacl yr wythnos i Nain a fi. Ni'n dwy yn mynd ar y bws i Gaernarfon ac i'r *matinee* yn y Majestic sydd erbyn hyn yn faes parcio. Y drefn oedd codi'n o fore i lanhau'r grât ac, yn yr haf, gosod tân oer yn barod i roi matsien ynddo fo ar ôl inni ddod adra. Yn y gaeaf, y drefn fyddai stôcio'r tân efo sindars er mwyn iddo fo bara tan i ni ddod adra. Roedd hon yn grefft arbennig ac yn un bwysig i'w dysgu – wedi'r cyfan, 'tŷ heb dân, tŷ heb groeso'!

Ar ôl cinio buan, tua hanner awr wedi un ar ddeg, mynd i molchi a gwisgo. Tri math o ddillad oedd gen i – dillad dydd Sul, dillad ail ora a dillad *'knock about'*. Dydd Sadwrn, dillad ail ora oedd y dewis. Dillad dydd Sul oedd wedi dod i lawr rhyw beg neu ddau oedd y rhain, a fawr o draul wedi bod arnyn nhw. Nid gwisgo i fyny ar gyfer y pictiwrs yn unig oeddan ni achos wedyn, ar ôl y pictiwrs, mi fyddan ni'n mynd i gaffi neis i gael panad a theisen. I un o'r caffis y bydda ledis (i Nain, nid term difrïol oedd ledis) Caernarfon yn mynd i gael *'morning coffee'*. Bellach rydan ni i gyd yn yfed coffi a hwnnw'n goffi da, ond yr unig goffi yn tŷ ni bryd hynny oedd *Camp Coffee*. Hylif mewn potel oedd hwnnw, yn cael ei gadw am hydoedd yn y cwpwrdd rhag ofn y byddai rhywun – yn annhebygol iawn yn ein tŷ ni – yn gofyn am goffi yn lle te.

'Byd o freuddwydion' – fuodd 'na 'rioed ddisgrifiad gwell o'r pictiwrs. Pleser pur o'r eiliad gyntaf i'r eiliad olaf. I'r seddi ail ora i fyny'r grisiau y byddan ni'n mynd. Yn y seddi gora yn ddieithriad yr oedd Syr Michael Duff, perchennog y Faenol yn ogystal â chwareli Dinorwig a Llanberis, yn eistedd. Dyn neis iawn oedd o, yn ôl Nain, er na thorrodd hi air efo fo erioed. Ychydig flynyddoedd yn ôl, pan oeddwn i'n ffilmio yn y Faenol, mi welais i blác bychan ar y wal yn un o'r stafelloedd

Taid Cynfi.

Brawd Nain, a laddwyd yn y
Rhyfel Byd Cyntaf.

Dewyrth Wil, gafodd ei glwyfo yn y Rhyfel Mawr, hefo Taid Cynfi a John.

Nain hefo Dad.

Teulu Llwyncoed; Taid ydi'r cynta ar y dde yn y rhes flaen.
(Tebyca'n y byd i Guto mewn dillad henffasiwn!)

Mam a fi.

Nadolig 1945.

Nain a fi – a'r *court shoes* a'r bag!

Michael, Meurig a fi.
Doedd Malcolm heb gyrraedd eto.

Ffrog efo *smocking*.

Dosbarth Miss Parry ym Mryn Bras.

Plant y Cwm: pasiant Beibl i Bawb o Bobl y Byd, tua 1952.

Dosbarth Miss Williams.

Capel Moreia – Merched trwy'r Oesoedd, tua 1958–9. Fi a Mrs Williams yn y cefn ar y chwith, a'r ail ar y chwith yn y blaen ydi Megan, nith Kate Roberts.

Ar y cyrtiau: Rhoda, Mona, Jean, Eileen, Lorna a fi. Ble mae Arwel?

Cychwyn arni.

Y bedair: Ann, fi, Iona a Mair ar ddiwrnod graddio.

Mair, Robin, Robat, Cenwyn a fi – heb gi na chath yn nrama Pinter!

Y Gôt Fawr: Gwenllian, Ann, fi, Rhiannon, Gareth, Alys, John ac Osborne.

Rhai o gast *Hanes Rhyw Gymro*, 1964.

Tre-sarn gyda Frank Lincoln a Lisabeth Miles.

Robin yw Huw Powys, gyda Dilwyn Owen, yn *Lleifior*.

Robin, Taid, Rhys a fi.

Y tri arwr! Rhys, Robin a Guto.

Y teulu bach: Robin, Heather, Richard John a Hannah Jane yng ngardd
Nana a Taid, Shirley a Richard.

Rhaglen Deyrnged i John Gwilym Jones gan John a fi.

Weithiau'n hapus mewn ymarferion!

'Tad' Gari Tryfan,
Idwal Jones.

Wilbert Lloyd Roberts,
cynhyrchydd *Oedipos
Frenin*.

Yr anrhydedd fwya fedrwn i ei chael: derbyn Cymrodoriaeth Prifysgol Cymru Bangor, gyda Derec Llwyd Morgan a John.

gwely a'r geiriau hyn arno fo: *'Everything you see, I own'*. Yr hyn a welech chi oedd fforestydd, bryniau, mynyddoedd a thai. Bron na chlywn i rywun yn sibrwd yn 'y nghlust i: 'a phobol hefyd'. Bellach, enw arall sy'n gysylltiedig â'r Faenol, sef enw Bryn Terfel. Nid cael ein cadw allan ydan ni bellach ond ein croesawu i mewn, a'r miloedd yn mwynhau eu hunain ar y lawntiau bob mis Awst.

Y Majestic yng Nghaernarfon, dyna nefoedd o le oedd hwnnw. Wedi i'r ffilm fer orffen mi fyddai'r byd yn dod aton ni trwy gyfrwng y *Pathé News*. Cyflwynid digwyddiadau pwysig a chyffrous y dydd ar ffilm mewn cwta ddeng munud. Waeth pa mor ddiddorol oedd y *Pathé News*, alla fo byth gymharu â'r ffilm fyddai'n dilyn. Siomedig fyddwn i wrth weld enw Charlie Chaplin yn dod i fyny ar y sgrin. Roeddwn i wrth 'y modd yn clywed Nain yn chwerthin yn braf, heb ddeall yn iawn pam, chwaith. Pam oedd Nain yn chwerthin wrth weld pawb yn camdrin y dyn bach 'na a fynta i weld mor annwyl? Ar ben hynny, doeddwn i ddim yn dallt pam fod rhaid iddo fo wisgo dillad rhywun arall – 'i gôt o wastad yn rhy fach iddo fo a'i drowsus yn rhy fawr. Er fy mod i erbyn hyn yn gallu gwerthfawrogi athrylith Charlie Chaplin, alla i yn 'y myw chwerthin fel yr oedd Nain yn 'i wneud estalwm.

Alan Ladd oedd 'i hoff actor hi. Dyn byr, glandeg, pryd golau oedd o. Y fo oedd y cymeriad Shane yn y ffilm o'r un enw. Mi ddarllenais yn rhywle bod Sophia Loren yn gorfod sefyll mewn ffos neu ryw fath o dwll pan fyddai hi'n actio hefo fo, rhag 'i bod hi'n dalach na fo! Bryd hynny, y fo oedd y seren, nid Sophia Loren.

Ffilmiau du a gwyn oeddan nhw, bron yn ddieithriad, ac yn hynod felodramatig, yn llawn emosiwn. Yr arwresau bron â cholli'r dydd ond yn y diwedd yn llwyddo i ddod i'r lan ac, yn bwysicach fyth, yn edrych yn berffaith – pob blewyn yn 'i le a hyd yn oed y lipstic heb stremp. Roedd yna restr hir ohonyn nhw, rhai fel Joan Crawford, Bette Davis, Maureen O'Hara, Patricia Roc a llawer mwy.

Ar ôl i ni gael y banad a'r deisen, i ffwrdd â ni am adra.

Rhedeg yn syth i'r llofft wedyn i newid. Nid newid i'r dillad *'knock about'* fyddwn i ar nos Sadwrn, ond newid i ddillad ffilm-star. Mi fydda yna ambell i ddilledyn difyr yn llechu yn y droriau a'r cwpwrdd dillad yn y llofft. Un ddarbodus oedd Nain, byth yn taflu dim i ffwrdd. 'Mi gadwa i hwn at eto' fyddai hi'n ddweud am bob dim. Mi fyddai'n cael yn 'i phen weithia i glirio hen ddillad a geriach. Rhoi popeth, bron, yn ôl wedi'u plygu'n dwt neu dynnu rhai allan i wneud mat rags. Choeliai Nain fyth bod rhai tebyg i'w matiau hi yn cael'u gwerthu mewn siopau ffasiynol erbyn heddiw, a bod pobl gyfoethog yn fodlon talu crocbris am fat rags!

Yn un o'r droriau roedd yna un neu ddwy o beisiau satin pinc. Wedi cael y rhain roedd hi a theimlai'n hynod falch ohonyn nhw. Un o'r rhain fyddai ffrog y ffilm-star, hefo un o *runners* y seidbord yn sgarff. Yr unig beth tebyg i golur yn y tŷ oedd bocs bychan bach o *rouge*. O ble y daeth o i'n tŷ ni, dyn a ŵyr. Y peth diwetha ar y ddaear fydda Nain yn 'i roi ar 'i hwyneb fyddai *rouge*. Mater gwahanol oedd rhoi diferyn bach o *Evening in Paris* y tu ôl i bob clust. Y *rouge* oeddwn i'n licio, a'r 'gwallt' hir fydda'n disgyn i lawr 'y nghefn i. Gwallt melyn fydda hwn, wedi'i wneud o sgarff denau oedd yr un maint bron â lliain y bwrdd bach. Os am fod yn ffilm-star go iawn, mi fydda'n rhaid cael gwallt melyn – y nhw oedd y genod dela bob tro. Mi fuodd 'na adeg pan fyddwn i'n gofyn i Nain ai gwallt melyn oedd gen i, a hithau'n ateb 'Ia'. Popeth yn iawn wedyn.

Ar ôl y bais, y gwallt, y *runner* a'r *rouge*, yr unig beth ar ôl oedd y *jewels*. Roedd yna rai o'r rheini mewn hen dun *Quality Street* lle cedwid botymau. Erbyn i mi ddod i lawr y grisia mi fyddai Anti Annie, cyfnither fy nhaid, wedi cyrraedd am sgwrs a thamaid bach o swper. Ar ôl swper, mi fyddwn i'n symud cadeiriau i neud car a smalio dreifio'r ddwy o mhlasty crand i rywle neu'i gilydd. Yn 'Mericia' oeddan ni, yn Hollywood. Hollywood oedd 'Mericia' i mi. Fanno roeddwn i am fynd i wneud fy ffortiwn, ond nid heb Nain ac Anti Annie yn dod yno ar long ar 'u holidês. Yn llawer rhy gyflym, mi fyddai'r noson yn dod i ben wrth i Anti Annie ddweud 'yfory ddaw', a Nain yn

34

dweud wrtha i am fynd i sgrwbio 'mocha'n lân efo dŵr a sebon. Pe bai rhywun yn gofyn imi be sy'n dod i'r meddwl gynta wrth glywed y gair 'chwarae', yr ateb fyddai 'adra yn y tŷ ar nos Sadwrn . . .'

NEWID BYD

Yn ddisymwth braidd, neu felly roedd hi'n ymddangos i mi ar y pryd, mi symudon ni i fyw i Gaernarfon. Doedd Caernarfon ddim yn ddiarth i mi o gwbl, wrth gwrs – hi oedd ein tre ni. Fel yr 'Hall' ers talwm, un 'dre' oedd i mi. 'Mynd i dre' fyddan ni'n ddweud, byth 'mynd i Gaernarfon'. Y tu allan i'r tŷ yng Nghaernarfon y bydda Nain hapusa. Wedi'r cwbwl, dim ond pum milltir i lawr y lôn oeddan ni'n mynd. Roedd o'n dipyn o beth hefyd, gadael y Cwm heb wybod pam. A finna'n bedair ar ddeg oed, mi fyddai gofyn i mi newid ysgol. Yn y pum degau roedd yna fyd o wahaniaeth rhwng ysgol y wlad ac ysgol y dre. Ond o leia doedd dim rhaid poeni am hynny, gan mod i i gael mynd ar y bws bob dydd i'r ysgol yn Llanrug. Am ryddhad oedd hynny, a dyma benderfynu y byddai hwn yn ddechrau newydd i'r ddwy ohonon ni.

Nid i'r pictiwrs yn unig y byddan ni'n mynd yng Nghaernarfon ond hefyd i Segontium Terrace, at Mrs Josephine Davies a Norah. Erbyn hyn roedd Norah wedi gadael cartre, fwy neu lai, a fi fyddai'n mynd i wneud neges i Mrs Davies. Roeddwn i'n ei nabod ers erioed; hi oedd cyflogwr a ffrind Nain. Gwyddeles o dras oedd hi, dynes ddiwylliedig a darllenwraig frwd – bywgraffiadau gwleidyddion oedd ei dewis o lyfrau, gan amlaf. Roedd hi'n sosialydd brwd, er iddi gael ei dadrithio fymryn ar ddiwedd 'i hoes. Hi oedd y gyntaf i ddangos i mi bod yna fyd mawr y tu allan yna. Byd annheg oedd o hefyd. Cyn mynd i siopa dros Mrs Davies byddwn yn cael fy siarsio i ddarllen labeli ar duniau ffrwythau. Doeddwn i ddim i gyffwrdd ag unrhyw beth o Dde Affrica. Cefais fy synnu pa mor anodd oedd hi i gael gafael ar unrhyw ffrwythau tun, a nifer o nwyddau eraill, nad oeddan nhw'n dod o Dde Affrica.

Mi fyddwn i'n dotio ati'n ysmygu. Ambell dro mi fydda'r

sigarét yn 'i cheg hi tra oedd hi'n gwnïo, y mwg yn codi a'r llwch fel pensil yn ymestyn o'i cheg hi. Fel fy nain, roedd 'i chroen hi'n llyfn. Yn ôl Mrs Davies, llyfiad o bowdwr rhydd a hwnnw'n un o ansawdd da, a dim hufen o gwbwl – os nad oedd y croen yn anarferol o sych – oedd yr ateb. Doctor croen oedd wedi rhoi'r cyngor yna iddi hi, meddai hi. Pan oeddwn i yn y chweched dosbarth mi anogodd fi i ddarllen dau lyfr, *Exodus* a *Dr Zhivago*, ac mi wnes i – er iddi gymryd blynyddoedd i mi wneud hynny! Mae yna ddwy ffilm wedi cael eu gwneud o'r llyfrau erbyn hyn ond *Dr Zhivago*, mae'n debyg, ydi'r ffilm enwoca, gyda nifer o sêr ynddi a'r ddwy brif ran yn cael eu chwarae gan Julie Christie ac Omar Sharif. Ychydig yn ôl darllenais ddisgrifiad ohoni fel 'Marx and Boon'. Pawb a'i farn ydi hi yn y diwedd.

Er mwyn gwneud ychydig mwy o arian poced mi es i weithio ar brynhawniau dydd Sadwrn i Leeds House, yn gwerthu hufen iâ cartre, lemonêd, te a choffi a dod i nabod hogan arall oedd yn gweithio yno ar ddydd Sadwrn, sef Vera. Pobl glên iawn oedd Mr a Mrs Roberts, ac mi fyddwn wedi gwneud mwy o arian poced petawn i wedi cael gweithio gyda'r nos – ond gwrthododd Nain yn bendant. Dwi'n amau bod Nain yn meddwl bod unrhyw hogan ifanc oedd allan ar ôl hanner awr wedi saith ar berwyl drwg!

Buan iawn y gwnaethon ni setlo ac, ymhen ychydig, dechrau mynd i gapel Moreia efo Margaret Roberts, hithau hefyd yn mynd i'r ysgol yn Llanrug. Yno y ces i fy nerbyn gan y Parchedig S. O. Tudor. Mi fyddai'n werth mynd i'r capel yn gynnar er mwyn mwynhau gwrando ar Peleg Williams wrth yr organ, heb lwyr werthfawrogi ar y pryd cymaint o feistr oedd o. Mi lwyfannwyd pasiant hefyd, 'Merched Drwy'r Oesoedd', gyda Mrs Williams a fi'n cymryd rhan Ruth a Naomi yn lloffa.

'Cyngerdd Mawreddog' – mi fyddai'r rhain yn boblogaidd iawn, a phob tre a phentre yn cynnal rhai'n rheolaidd. Mae un yn sefyll allan i mi: capel Moreia'n orlawn, a minnau wedi gwthio i mewn i sedd gornel. Dyma ryw ferch ifanc yn dod o'r festri i'r sedd fawr. Ffrog las hyfryd amdani a gwallt melyn cyrliog heb fod yn rhy gwta ganddi, merch hardd. Dyma hi'n dechrau canu, ac rydw i'n dal i gofio'r perfformiad hyd heddiw; 'Hiraeth' oedd y gân ganodd hi. Shân Emlyn oedd y ferch ifanc honno. Er i mi holi lawer gwaith am record neu dâp ohoni'n canu 'Hiraeth', alla i yn fy myw ddod o hyd i un a, hyd yma, chwilio'n ofer fu fy hanes i.

Dyddiau llawn oedd y dyddiau hynny, ac roedd hyd yn oed mynd i'r ysgol ar y bws yn hwyl yng nghwmni tri o'r athrawon – Miss Edwards, Miss Burgess a Mr Larsen. Yn ddiweddarach fe ddaeth Miss Burgess yn Mrs Larsen ac yn Faer Gwynedd. Hanner ffordd ar y daith byddem yn stopio i godi Nanna – gwraig Aled Rhys Wiliam erbyn hyn – ac Enid a Harri. Brawd a dwy chwaer oeddan nhw, a Harri yn yr un dosbarth â fi. Petawn i wedi gadael rhywfaint o ngwaith cartref heb 'i wneud, mi fyddwn yn gallu gofyn i Nanna am help llaw ar y bws y bore wedyn. Dro arall gwneud dim fyddwn i, dim ond edrych ar y wlad yn mynd heibio neu gau fy meddwl fel pe bawn i ddim yn bod o gwbwl.

Fel 'tre'r chwareli' roedd Caernarfon yn cael ei nabod, a channoedd yn heidio i'r siopau yno ar ddydd Sadwrn. Cyn oes y chwareli mi fyddai'n arferiad i bobl fynd yn rheolaidd i'r dre i wneud ychydig o fusnes. O ardal Llanberis a'r Cwm, roedd tipyn o fusnes yn cael ei wneud wrth gario copr o'r hen fwynfeydd ar gwch neu gyda throl a cheffyl i Gaernarfon i'w werthu. Byddai mawn yn cael ei gario yno hefyd a'i werthu am chwe cheiniog y llwyth mewn lle arbennig yn y dre. *Turf Square*, neu Sgwâr y Mawn, ydi enw'r lle hwnnw hyd heddiw. Mi ddywedodd Eurwyn Llwyncoed wrtha i bod un o'n hen-neiniau ni'n dau wedi cael ei lladd ar ei ffordd adre ar ôl bod yn gwerthu copr neu fawn yn y dre. Disgyn oddi ar ei cheffyl wnaeth hi, a hynny'n dipyn o syndod gan ei bod hi'n feistres ar farchogaeth yn ddigyfrwy. Tipyn o ddynas oedd hi!

Glaw neu hindda, ar y ffordd adre bob dydd mi fyddwn i'n dewis mynd heibio'r castell. Allai neb yn y byd beidio â mwynhau cerdded ar lan y Fenai yng nghysgod yr hyn fyddai I. B. Griffith yn ei ddisgrifio fel 'castell y Saeson' – ond 'u bod nhw bellach yn talu am gael gweld 'u castell nhw'u hunain! Mae yna un lle yng nghysgod y waliau sy'n cael ei alw'n lleol yn *South of France,* ac yn y fan honno y byddwn i'n eistedd a meddwl pa mor braf oedd hi wedi'r cwbl i fyw yng Nghaernarfon.

Mis Mawrth 1959, a minnau yn y pumed dosbarth, mi ges fy mhen-blwydd yn bymtheg oed. Tri mis prysur iawn oeddan nhw wedi bod ers y Nadolig am ein bod ni'n dwy, Nain a finnau, yn symud i fyw i fflat rhyw hanner canllath i fyny'r lôn. Doedd ryfedd yn y byd felly bod Nain yn edrych wedi blino ac yn dueddol hefyd o golli'i llais yn aml. Dydw i erioed yn ei chofio hi'n sâl, heb sôn am fynd at y doctor. Roedd hi'n perthyn i oes pan roedd rhaid talu am y doctor, a dim digon o fodd i wneud hynny os nad oedd pethau'n ddrwg iawn. Mi fydda'r plant yn llafarganu rhigwm bach pan oedd hi'n blentyn:

> Diar diar doctor,
> Mae pigyn yn fy ochr;
> Mae'n well imi daro clamp o rech
> Na thalu chwech i'r doctor!

Wrth ddweud y rhigwm fyddai hi byth yn ynganu'r gair 'rhech', dim ond gwneud 'siâp ceg'. Am y tro cyntaf yn 'i bywyd, i mi gofio, mi fu raid iddi fynd at y doctor i gael potelaid o ffisig. Ond wnaeth y ffisig mo'r job. Erbyn canol Mehefin roedd Nain yn yr ysbyty. Mi fues i'n aros efo Mrs Davies a Norah o bryd i'w gilydd, ac yn ôl yn y Cwm – cysgu efo Anti Annie ac Eirwen a bwyta yn nhŷ Mam a Dad. Mae 'na ddywediad y ffordd acw am rywun cryf 'u bod nhw'n 'hen stîl' (*steel*). Un felly oedd Nain. 'Pythefnos o orffwys ac mi fydda i'n A1,' fydda hi'n ddweud bob tro yr awn i'w gweld hi, gan roi hanner coron yn fy llaw i.

Yn ystod y cyfnod hwn mi awgrymodd Miss Evans, fy athrawes Gymraeg, fy mod i'n darllen *Cysgod y Cryman* gan Islwyn Ffowc Elis. Mi wnes i hynny yng nghysgod y castell yn *South of France.* Yn Lleifior fy nychymyg y bûm i'n byw am gyfnod ac yn falch o fod yno, am mai dyma'r tro cyńta i mi syrthio mewn cariad! Roeddwn i wedi gwirioni. Doedd 'na neb mor olygus, mor gyffrous ac mor chyfoethog â Harri Vaughan Lleifior erioed wedi bod yn 'y mywyd i. Dim ond ym myd y ffilmiau yr oedd dynion fel hyn i'w cael. Ond Cymro oedd hwn, a fi oedd pia fo. Doedd yna neb arall yn gwybod 'i fod o'n bod.

Ymhen hir a hwyr mi ddaeth, ac mi aeth, y Lefal O – a Nain yn mynd trwy bob arholiad efo mi.

Wythnos fawr oedd wythnos gyntaf mis Awst. Wythnos Eisteddfod Genedlaethol Caernarfon, a finna'n canu yng nghôr y pasiant – wel, yn aelod ohono o leia. Mynnu mod i'n mynd i'r Eisteddfod wnaeth Nain er mwyn iddi hi gael yr hanes i gyd. Y ddau ddigwyddiad a safodd allan i mi oedd bod Eigra Lewis, hogan ifanc un ar hugain oed, yn ennill y Fedal Ryddiaith am ei nofel, *Brynhyfryd,* ac Islwyn Ffowc Elis yn beirniadu. Yn fy meddwl i, pobl mewn oed oedd yn ennill gwobrau yn yr Eisteddfod Genedlaethol. Roedd hynny'n dipyn o newydd i'w ddweud ac mi ges arian gan Nain i brynu'r nofel ar ôl iddi gael ei chyhoeddi. Ches i erioed arian gan Nain oni bai 'i fod o at bwrpas arbennig. Yn ystod yr haf hwnnw mi newidiodd petha, a hitha'n mynnu fy mod i'n cymryd ambell i hanner coron – ei ffordd hi o wneud yn siŵr fy mod i'n dal i gael mynd â cheiniog yn fy mhoced; a'r ddadl oedd 'Does yna ddim byd i mi wario arno fo yn fama, waeth i ti 'i gael o ddim'.

Mi fyddwn innau'n gofalu bod yna botelaid o Lemon Barley, ei hoff ddiod hi, ar y bwrdd bach wrth ochr y gwely, a blodyn neu ddau yno hefyd. Thalai hi ddim i fynd â thusw o flodau iddi; mi fydda hynny'n ormod, yn ôl Nain. Hanner dwsin o flodau ar y mwya, a'r rheiny wedi'u gosod yn dwt mewn fâs fach ddel. Ofynnodd hi am ddim na chwyno dim tra buo hi yn yr ysbyty. Petai hi wedi gofyn am unrhyw beth o unrhyw le, mi fyddwn wedi mynd i'w nôl o iddi, ond wnaeth hi ddim.

Yr ail ddigwyddiad yn ystod wythnos y Steddfod oedd fy mod i wedi mwynhau un o'r cyngherddau'n fawr iawn a Sassie Rees wedi tynnu'r lle i lawr. Cyn hynny, 'Sassie Rees Awr y Plant' yn unig oedd hi i mi. Fu Nain erioed â chymaint o ddiddordeb mewn clywed beth oedd yn mynd ymlaen mewn unrhyw Steddfod. Erbyn deall, er fy mwyn i oedd hyn i gyd, er fy mod i dan yr argraff mai Nain oedd am glywed beth oedd yn mynd ymlaen.

Wrth i mi gyrraedd y ward mi fydda hi'n eistedd i fyny yn y gwely yn 'i choban a'i siaced wely binc, a gwên ar ei hwyneb. Wyddwn i ddim ar y pryd mai gwên yn cuddio poen oedd y wên honno. Haf crasboeth oedd haf 1959; finna wedi cael lliw haul go drwm ac wedi cael ffrog newydd o siop Yncl Eric. Ffrog haul lliw hufen oedd hi a deilen hydrefol yma ac acw ar hyd'ddi. Ffrog hogan wedi tyfu i fyny oedd hon, y gyntaf i mi ei chael. Wrth ei rhoi hi amdana ro'n i'n teimlo fy mod i'n rhywun, ond wrth weld fy hun yn y drych dyma ddechrau meddwl, 'Pwy ar y ddaear ydi honna'n sbio'n ôl arna i?' A oeddwn i'n gwneud sioe ohono i fy hun yn gwisgo ffrog fel hon? Cymryd fy siawns wnes i a mynd i'r ysbyty gan hanner disgwyl cyngor gan Nain o leia 'y mod i'n rhoi cardigan amdana! Mi welodd hi fi'n dod o bell a codi'i llaw. Y peth cynta wnaeth hi ar ôl i mi gyrraedd y gwely oedd gafael amdana i a dweud yn 'y nghlust i mor ddel o'n i'n edrych, a mod i wedi tyfu i fyny dros nos, a'i bod hi mor falch ohona i. Dyna'r cwbl oedd yn cyfrif i mi.

Ddiwedd Awst daeth canlyniadau'r Lefal O. Roeddwn i ar y ffordd i'r chweched dosbarth. Ymhen cwta bythefnos, bu Nain farw. Wnes i ddim beichio crio fel y dylwn fod wedi gwneud. A dweud y gwir, wnes i ddim gollwng deigryn. Yr unig beth oeddwn i'n ei deimlo oedd 'y mod i wedi blino a mod i'n rhedeg. Blino nes 'y mod i'n teimlo'n sâl, ond yn dal i redeg i rywle. Bob tro y byddwn i'n cau'n llygaid mi fyddwn i'n rhedeg a rhedeg heb gyrraedd nunlle. Fedrwn i ddim rhannu 'nheimladau efo'r un enaid byw. Am bron i flwyddyn mi fyddwn i'n mynd â'i broits hi hefo mi yn fy mhoced i bobman a gafael ynddi bob hyn a hyn i wneud yn siŵr 'i bod hi yno. Broits fechan arian ydi hi, un a gafodd hi gan Taid yn anrheg, a'r enw Sarah wedi cael 'i naddu iddi. Y mae hi gen i byth, ac mi fydda i'n 'i gwisgo hi'n aml.

Fyddai yna'r un geiniog ar ôl i'w 'sgwandro' yn tŷ ni, ond fûm i erioed yn brin o ddim. Gan fy nain y dysgais i bod 'dyn' yn well peth nag yr oedd o'n aml yn cael y credyd 'i fod o, a bod pwyntio bys yn golygu bod tri yn pwyntio'n ôl. Hi wnaeth yn siŵr bod ynof i ryw gryfder i 'oresgyn treialon bywyd', fel y bydda hi'n 'u galw nhw. Os bu un freintiedig erioed, y fi ydi honno am i mi ei chael hi'n nain am bymtheg mlynedd.

Erbyn diwedd mis Medi roedd Mam a mrodyr yn byw yn Neiniolen, a finna, ar ôl pendroni tipyn, yn penderfynu mai efo Nhad, mab Nain, oedd fy lle i. Ac felly y bu pethau tan i Michael fy mrawd ddod aton ni ymhen cwta dwy flynedd.

YN ÔL I'R CWM

Tipyn gwahanol oedd hi i gerdded i mewn i'r chweched dosbarth ag yr oedd hi bum mlynedd ynghynt i fynd, yn un o ddau – John (Bwlch) a finna – o ysgol fechan Cwm y Glo i ddosbarth 1X yn Ysgol Ramadeg Brynrefail. Am gyfnod byr, pan ddechreuais yn yr Ysgol Ramadeg, Mr Emrys Thomas MA oedd y prifathro. Dim ond y trydydd prifathro oedd Mr Thomas ers i'r ysgol agor yn 1900.

Yn y tŷ, mae gen i lyfr ar hanes yr ysgol sy'n cynnwys geiriau Syr Wynn P. Wheldon yn ei gyfarchiad yn datgan balchder yr ardal. Mae yna ddiweddariad i'r llyfr yma gan y diweddar Mr Bassett o Fangor.

Nid heb helbul a gwahaniaeth barn, felly, y daeth y fro o hyd i'w chalon; wedi ei chael bu tawelwch a gweithgarwch. Codwyd yr ysgol drwy hunanaberth personau unigol gyda chymorth y cyhoedd mewn basâr – ffordd newydd o gasglu cronfa a ddaeth yn gyffredin ar ôl hyn, ond fyth i well diben nac ychwaith o bosibl gyda chymaint brwdfrydedd a llwyddiant.

Basâr a hanner oedd hi hefyd, yn para am bedwar diwrnod yn ystod mis Medi 1900 – 'Agored bob dydd o ddau hyd ddeg o'r gloch. Ni chaniateir i blant fod yn y Bazaar ar ôl chwech o'r gloch'. Yr oedd i bob *stall* ei llywydd, trysorydd ac ysgrifennydd, a phennill bach hefyd. Yn llenwi'r tair swydd ar y *Fern (Fancy) Stall* yr oedd merched o'r Cwm a'r pennill oedd:

> Glân ardeb o *burdeb* yw
> Y Rhedyn – tyner ydyw.
> Y nwyddau oll, dan nawdd hwn
> Sy' gyfwerth â'r pris, cofiwn.

Un o fy ffefrynna i ydi'r pennill yma o'r *Forget-me-not Sweets, Fruit and Flower Stall*:

Mae yma ffrwythau a melysion,
Mae yma flodau o bob rhyw;
Forget-me-not er mwyn yr achos –
Achos addysg – teilwng yw.

Ar wahân i'r stondinau, roedd yna gystadlaethau ac arddangosfeydd hefyd:

WASHING COMPETITION
Cystadleuaeth Golchi i Ferched, nos Wener, am 8 o'r gloch, a'r gwobrau wedi eu rhoi gan gwmni sebon enwog o Leeds.

Y gwobrau oedd:

1 Lady's dress length, 6 yards, double width, value 7/6
1 Handsome Brush and Comb, in case, value 4/6
7lbs Watson's Matchless Cleanser, value 1/9
(Y Gwobrau i'w gweld yn Siop Mr R. O. Wlliams, Cwmyglo)
  A little nonsense now and then
  Is relished by the wisest men

Fyddai'r un digwyddiad cymdeithasol yn gyflawn heb 'banad'. Dyma bedair llinell olaf pennill y *Refreshment Stall*:

Deuwch fechgyn Arfon, deuwch ferched tirion,
Cewch eich gwala yn y wledd – digonedd o ddanteithion;
Pwy na chara damaid blasus wedi'i arlwy inni'n hwylus,
Hwnnw'n faethol ac yn felys – mor gysurus yw.

Hyd yn oed wedi i hanner can mlynedd fynd heibio, roedd rhai yn dal i sôn am y basâr a finna'n cymryd mwy o sylw fel yr awn i'n hŷn, yn enwedig ar ôl i mi gyrraedd yr Ysgol Fawr, a chlywed sôn hefyd am ambell i arddangosfa fu yn y basâr honno – er enghraifft un ar *cinematograph!*

New War Pictures
Naval Review. A wonderful exhibition.
Darluniau Byw o'r ymladdfeydd yn Neheudir Affrica a mannau eraill.
Dyma gyfleustra arbennig i gael golwg ar ddewrder ein milwyr ar faes y gwaed.
Mynediad i mewn, 3c

Yn cael ei arddangos yno yr oedd:

A Chocolate Box as presented to our brave soldiers in South Africa by Her Majesty the Queen, will be exhibited by kind permission of the owner, Herbert Lane Esq.
Mynediad i mewn 2g

Fu erioed achlysur tebyg i'r basâr hwnnw na chynt nac wedyn. Er bod y gweithgareddau'n digwydd yn yr ysgol newydd, doedd dim caniatâd i gynnal raffl na loteri. Rhwng popeth yn ymwneud â'r basâr, yn cynnwys rhoddion ac ambell i gyngerdd lleol, gwnaed elw o £810 12s 2d – swm anhygoel yn 1900.

Roedd taid fy mam, Robert Jones, Dinorwig, yn rhinwedd 'i swydd fel Cynghorydd Sir, wedi bod yn llywodraethwr yn yr ysgol a Nhad wedi bod yn ddisgybl yno ac yn gobeithio y byddwn innau'n cyrraedd yno cyn bo hir. Ysgol Brynrefail oedd hen ysgol T. Rowland Hughes, y bardd a'r nofelydd, awdur 'Tydi a Roddaist' a nofelau poblogaidd fel *O Law i Law*, *Chwalfa* a *William Jones* – ac o'r nofel honno y daw un o'r brawddegau enwoca yn y Gymraeg, 'Cadw dy blydi *chips!*'. Dyma ysgol y dramodydd Gwenlyn Parry hefyd, ysgol 'hogia ni', fel y bydda fo'n 'i galw hi, a rhoi winc bach wedyn.

Testun balchder i Miss Evans, ein hathrawes Gymraeg, oedd

45

bod y bardd R. Williams Parry wedi bod yn athro yn ein hysgol ni rhwng 1908 ac 1910 a'i fod o yn 1910 wedi ennill Cadair yr Eisteddfod Genedlaethol am ei awdl 'Yr Haf'. Y cof sy gen i ydi bod mewn mwy nag un parti yn adrodd 'Y Llwynog' ac, yn ddieithriad, yn dod i ddiwedd distaw, dramatig ac yn mwynhau'n arw:

Llithrodd ei flewyn, cringoch dros y grib;
Digwyddodd, darfu, megis seren wib.

Ychydig iawn rydw i'n 'i gofio am ddiwrnod y 'sgolarship', dim ond fy mod i'n teimlo'n llawer hapusach ar ddiwedd yr arholiad syms, a bod yr athrawon i weld yn bobl glên. Yn ystod 1954 y digwyddodd y diwrnod mawr i mi. Diolch byth nad oeddwn i'n sefyll yr arholiad yn 1893! Mae H. Parry Jones o Lanberis, cefnder i Syr John Morris-Jones, yn cofio sefyll yr arholiad yn ysgoldy Cwm y Glo er mwyn cael lle yn Ysgol Friars ym Mangor bryd hynny. Saesneg oedd iaith pob cwestiwn a phob ateb, ond doedd neb yn 'ymfaglu' gyda'r Saesneg chwaith. Ar ôl dweud hynny, roedd disgwyliadau'r arholwyr yn uchel iawn mewn Gwybodaeth Gyffredinol.

'What do you know of Khartoum . . . and Hannibal?' Meddai H. Parry Jones, 'Pe cawsai ei haeddiant, a phe meddem ninnau beth o ddewrder ac o ddireidi oedran aeddfetach, yr ateb a fuasai, *"Nothing".'*

Lwc, a dim arall, oedd ei fod o wedi digwydd mynd i chwilota mewn llyfr o'r enw *Rollin's Ancient History* oedd ar un o'r silffoedd yn 'i gartra. Y rheswm am y chwilota oedd bod y prifathro wedi rhoi brawddeg ar y bwrdd du – *'Hannibal killed 40,000 Romans at the Battle of Cannae'* a chwilfrydedd hogyn bach a wnaeth iddo fynd i'r llyfr i gael gwybod mwy am Hannibal, y dyn anhygoel.

Diolch byth, ches i ddim cwestiwn ar Hannibal na dim o'r fath. Mi fûm i'n lwcus i lwyddo yn yr arholiad a chael fy hun mewn cwmni hapus a chlòs yn nosbarth 1X. Dorothy ac Eurwen Goldsworthy oedd fy ffrindiau cyntaf i yn yr ysgol, ond symudodd teulu Dorothy i fyw i'r Rhyl ar ôl blwyddyn. Mae yna un enw nad anghofia i byth mohono, enw hogan fain, dal â phlethau hir, cringoch ganddi – Alethie Chappelle. Ei thad wedi dod fel rheolwr i Glynrhonwy, hen chwarel a ddefnyddiwyd yn ystod y Rhyfel. Ymhen tymor, roedd gan Alethie grap go dda ar y Gymraeg – wedi'r cwbl, dyna roedd pawb arall yn 'i siarad wrth chwarae a doedd hi ddim am fod yn wahanol. Gadael yn anfoddog wnaeth hi ymhen dwy flynedd, a'r teulu'n symud yn ôl i Loegr i fyw. Eurwyn Evans o Lanberis oedd y disgybl clyfra yn y dosbarth ac yn cael cant allan o gant mewn *algebra* – o bob dim – ond doedd o byth yn dangos 'i hun, er bod ganddo fo le i wneud hynny. Bellach daeth y syms bondigrybwyll yn *maths* ac, i wneud pethau'n waeth, mi ddilynodd Michael, fy mrawd, fi i'r ysgol ymhen tair blynedd ac yntau'n dda mewn mathemateg – cymaint felly nes iddo fo fynd yn athro mathemateg yn y diwedd!

Ymhen ychydig dros flwyddyn, symudodd yr ysgol o'r hen adeilad ym Mrynrefail i adeilad newydd yn Llanrug. Ysgol Brynrefail Llanrug fydda hi bellach. Rydw i'n cofio cân yr ysgol yn cael ei chanu, a phawb â lwmp yn eu gyddfa wrth floeddio allan:

Forty years on when afar and asunder
Parted are those who are singing today

– cân ysgol Brynrefail a chân ysgol fonedd Harrow hefyd! Chofia i ddim ein bod wedi'i chanu hi ar ôl i ni symud lleoliad. Y bwriad, mae'n debyg, o gael y gân arbennig honno fel cân yr ysgol oedd rhoi'r teimlad o falchder, ffyddlondeb a gwerthoedd fel y caent eu cydnabod yr adeg honno, cyn ein hamser ni.

Adeilad modern, digymeriad ond addas oedd yr adeilad newydd a buan iawn y setlodd pawb i lawr, yn athrawon a disgyblion. Mr James oedd y prifathro erbyn hyn, tad Eirian, Elwyn, Rhiannon a Gareth. Dyn addfwyn a gofalus iawn o'i ddisgyblion oedd Mr James. Roedd hynny'n wir hefyd am yr athrawon, yn arbennig felly fy athrawon i yn y chweched, Miss

Evans, Mr T. Ellis Jones a Mr Gwyndaf Evans. O edrych yn ôl, mi ddylwn fod wedi derbyn eu cyfeillgarwch â breichiau agored ac ymddiried ynddyn nhw fel y ffrindiau amlwg yr oeddan nhw i mi.

Fûm i erioed yn hoff o chwaraeon, a dweud y lleiaf. Mi fydd rhai yn camgymryd a meddwl fy mod i wedi bod yn chwaraewraig hoci fedrus. Fûm i erioed, ond fe fu Ann, chwaer fenga fy mam – a mynd yn athrawes chwaraeon wnaeth hi. Gan mai rhyw ddeunaw mis sydd rhyngon ni, hawdd deall y camgymeriad. Dydw i ddim yn philistiad hollol chwaith lle mae chwaraeon yn y cwestiwn; roeddwn yn chwarae un gamp yn benodol – a'r unig un – sef tennis. Mi allwn i wylio gêmau tennis drwy'r dydd a'r nos ac rwy wrth fy modd efo Wimbledon. Mi fu Robin fy mab a minna yn Wimbledon rai blynyddoedd yn ôl a mwynhau'n arw iawn.

Mi ddechreuodd fy niddordeb i yn y gêm yn Ysgol Brynrefail Llanrug. Yn ogystal â chaeau chwarae, roedd yno hefyd gyrtiau tennis. Mi ddechreuais gymryd diddordeb ar y dechrau am 'i bod hi'n orfodol i gymryd rhan mewn rhyw fath o chwaraeon. Yn fuan iawn, cefais fy hun yn mwynhau ac erbyn y chweched dechrau meddwl mod i'n dipyn o giamstar ar y gêm. Er bod nifer yn chwarae'n rheolaidd, roeddan ni'n pedwar yn 'dîm', Lorna, Robin, fi ac Arwel – Arwel Llanbêr i ni, ond fel Arwel Jones Hogia'r Wyddfa y daeth o i gael ei adnabod wedyn. Roedd Myrddin hefyd yn yr ysgol, ond fentrodd o ddim i ffau'r llewod – a Viv yn llawer rhy ifanc i feddwl am y peth! Mi gawson ni oriau lawer o bleser. Roedd Robin o Ddinorwig yn ddistaw a phwyllog, Lorna a fi yn gorffen yn ein dyblau'n chwerthin, ac Arwel yn gwylltio'n gacwn am nad oeddan ni'n cymryd y gêm ddigon o ddifri. Y fo oedd yn iawn, wrth gwrs ac, fel chwaraewr pêl-droed nodedig, doedd colli ddim ar yr agenda o gwbl ganddo fo. Dydw i ddim yn amau na ddaru Lorna a minnau ddechrau bihafio ar ôl i Arwel wylltio am y milfed tro!

Ar wahân i'r gwaith, roedd yna eisteddfodau gwerth chweil yn cael eu cynnal yn yr ysgol a'r cystadlu'n frwd. Fel aelod o grŵp roeddwn i'n hoffi bod ac yn perthyn i dŷ Gwyrfai, ond mi fyddwn i'n gwerthfawrogi talent o ba dŷ bynnag y deuai. Rhyfeddu at allu amlochrog rhai fel Megan Thomas, Georgina Hudson a Menna Pritchard, un arall fydda'n ennill yn aml ar ganu. Mi gaf fy hun yn glymau o enwi mwy, gan fod yna gymaint o dalent a'r neuadd yn orlawn ar gyfer pob eisteddfod a chyngerdd.

Mi fyddai'n arferiad hefyd i gynnal 'lecsiwn' ffug ac roedd digonedd o frwdfrydedd, er bod pawb yn gwybod ac yn disgwyl i Lafur ennill. Hogia'r chweched fel arfer oedd y darpar aelodau. Mi gofia i un etholiad yn arbennig – Emlyn Sherrington, un o sêr yr ysgol, yn sefyll, a phawb yn edrych ymlaen at ei araith a'r ddadl wedyn. Llafurwr oedd Emlyn, ac yn dadla dros Blaid Cymru yr oedd hogyn o'r pedwerydd dosbarth. Ar ochr Emlyn Sherrington yr oeddwn i ac mi enillodd yn hawdd, ond fe wnaeth yr hogyn o'r pedwerydd dosbarth gryn argraff. Nid yn aml y byddai hynny'n digwydd i neb wrth ddod wyneb yn wyneb ag Emlyn Sherrington. Emlyn Davies oedd yr hogyn hwnnw. Yn ddiweddarach bu'n gweithio i'r BBC, yn gomisiynydd i S4C ac yn sefydlydd Ffilmiau Elidir ac, yn bwysicach fyth, mi gymerodd Ann, ei gariad ers dyddiau ysgol, o'n ŵr iddi! Fel rheol, cofio'r disgyblion hŷn y mae rhywun o ddyddiau ysgol, yn enwedig os ydyn nhw'n byw yn lleol a rhywun yn dod ar eu traws nhw o bryd i'w gilydd. Fe ddaeth Elfyn Thomas yn ôl i'w hen ysgol i ddysgu ar ôl graddio yn Rhydychen, Terry Maxwell yn ôl fel Ffisegwr yn Ysbyty Gwynedd, Cathlene yn brifathrawes Ysgol Pendalar, John Glyn yn rheolwr amaethyddiaeth gydag un o'r banciau mawr, a Dafydd Charles a llawer un arall a welais i ond o bell hyd yn oed yn nyddiau ysgol.

Ddiwedd yr haf eleni, a finna'n cerdded allan o stesion Galway, dyma fi'n taro'n llygaid ar ddynas a hithau'n gwenu. 'Beti!' medda fi'n syth. 'Maureen!' medda hithau. Roedd Beti yn un o'r rheiny yr oeddwn i'n eu hedmygu o bell yn yr ysgol erstalwm. Wedi iddi hi raddio yn y Gymraeg ym Mangor aeth draw i Iwerddon a phriodi. Yno y mae hi byth, ac yn gwbl rugl yn y Wyddeleg. Doeddwn i ddim wedi ei gweld ers deugain a phump o flynyddoedd. Er hynny, petai'r amser wedi caniatáu, mi allan ni fod wedi sgwrsio'n hir am yr hen amser yn Ysgol Brynrefail Llanrug.

Heblaw am fod yn du ôl buwch neu yrru car dychmygol, does gen i ddim cof i mi wneud dim ym myd perfformio na hyd yn oed meddwl am y peth yn yr ysgol. Mi fyddan ni'n cael mynd i weld dramâu i'r Brifysgol ym Mangor ac i Ysgol Syr Hugh Owen yng Nghaernarfon, ac mi fyddwn i'n edrych ymlaen at fynd i'r nosweithiau hynny. Dramâu Saesneg oedd yn cael eu perfformio yng Nghaernarfon a'r rheiny'n denu cynulleidfa heblaw'r rhieni. Y tair oedd yn serennu amlaf yn y cynyrchiadau hyn oedd Nerys Thomas, Christine Pritchard a Margaret Glenys. Mae Nerys bellach yn academydd ac yn briod â'r Athro Merfyn Jones, yr hanesydd a Phrifathro Prifysgol Cymru Bangor. Aros ym myd y ddrama wnaeth Christine a dod yn un o'n hactoresau mwyaf blaenllaw ni. Aeth Margaret yn llyfrgellydd, a hi greodd Madam Sera, y cymeriad rhyfeddol honno oedd mor ffraeth ar y radio efo Hywel Gwynfryn erstalwm, ymhell cyn dyddiau Nia. Gwylio, gwerthfawrogi a dim mwy na hynny fyddwn i bryd hynny. Doedd yna'r un cysylltiad yn fy meddwl i rhwng gweld pobl yn actio a bywyd pob dydd a gwaith.

Wrth fynd i Fangor, mynd i weld dramâu'n cael eu perfformio gan y Gymdeithas Ddrama Gymraeg yr oeddan ni. William Vaughan Jones, yr athro mathemateg, oedd un o ffrindia pennaf Mr John Gwilym Jones. Y fo a'i wraig, Mary V. Jones (Bioleg), a Miss Evans (Cymraeg), oedd yn gyfrifol am drefnu i ni gael mynd i'r dramâu. Mae yna un perfformiad yn aros yn fyw yn fy nghof i, sef *Y Tad a'r Mab*, a'r ddrama honno, fel nifer o'r dramâu a berfformiwyd gan y Gymdeithas Ddrama, wedi ei hysgrifennu gan John Gwilym Jones. Yn 1959 y perfformiwyd *Y Tad a'r Mab* gyntaf, a'r perfformiad hwnnw welais i. Mae'r ddrama wedi'i chyflwyno i'r criw hwnnw o fyfyrwyr a fu'n asgwrn cefn i'r Gymdeithas Ddrama: Elwyn Jones, Anwen Pritchard Jones, Derwyn Jones, Alun Evans, Jean Richards, Wenna Thomas ac Alwyn Pleming. Petai rhywun wedi dweud wrtha i y noson honno y byddwn i, ymhen rhyw dair blynedd, yn aelod o'r Gymdeithas honno, mi fyddwn i'n meddwl yn siŵr 'u bod nhw 'di colli arni braidd.

Hyd y gallwn i, ceisio osgoi darllen yn gyhoeddus y byddwn i, hyd yn oed yn y gwasanaethau boreol. Doeddwn i ddim yn cael darllen yn hawdd oni bai bod yna ddigon o amser i baratoi ymlaen llaw. Mae'r peth yn swnio'n hurt ond mae'n debyg, ar gyfartaledd, bod mwy o bobl llaw chwith yn cael trafferth i ddarllen na phobl llaw dde. Mi wnawn i unrhyw beth heblaw darllen. Yn ystod y flwyddyn pan oeddwn i'n brif ddisgybl mi ofynnodd Gwyndaf Evans, fy athro ysgrythur, i mi ddarllen darn gweddol hir o'r bennod gyntaf o Lyfr Job yn y cyngerdd. Fedrwn i ddim gwrthod. Er bod y neuadd yn orlawn, dychmygu mod i'n dweud y geiriau wrth un person yn y gynulleidfa wnes i:

> Yr oedd gŵr yng ngwlad Us a'i enw Job; ac yr oedd y gŵr hwnnw yn berffaith ac yn uniawn, ac yn ofni Duw, ac yn cilio oddi wrth ddrygioni. Ac iddo y ganwyd saith o feibion a thair o ferched . . .

Unwaith i mi gael yr adnod gyntaf drosodd mi ddechreuais i fwynhau dweud y geiriau. Wedi i mi orffen, dyma ennyd o ddistawrwydd – a bonllef o gymeradwyaeth yn dilyn. Roeddwn i wrth fy modd. Er mai achlysur digon cyffredin i bob pwrpas oedd y noson, roedd hi'n noson fawr i mi. Dyna'r tro cyntaf i mi deimlo gwefr ar lwyfan – ond nid y tro olaf.

*   *   *

Doedd Nhad ddim yn ddyn hawdd byw efo fo, ond roedd bywyd yn ddiddorol. Er iddo ddechra gyrfa mewn swyddfa, penderfynu dilyn ei ewythr Goronwy fel prentis gof yn chwarel Dinorwig wnaeth o ac, yn ychwanegol at hynny, cael gefail fach ynghlwm wrth Glyndŵr Cottage. Dyddiau da oedd y rheiny, er 'i bod hi'n anodd cysgu weithiau a Dad yn taro'r eingion. Dro arall mi fydda sŵn rhythmig y morthwylio yn suo rhywun i gysgu. Yr unig adeg i mi gael caniatâd i fynd i'r efail fydda i weld darn o haearn eirias yn plymio i mewn i'r twb dŵr oer a'r dŵr yn brochio fel cawl mewn crochan a hwnnw'n berwi drosodd. Gwasgod ledr go iawn fyddai Dad yn 'i gwisgo wrth ei waith bob amser. Wedi'i chael hi'n anrheg gan ei ewythr yr oedd o, am mai lledr, yn ôl Yncl Goronwy, oedd y peth callaf i'w wisgo wrth weithio efo tân. Mi losgodd Nhad 'i wyneb yn o ddrwg unwaith a Michael 'y mrawd a minna'n rhedeg y tu ôl i'r soffa yn methu deall be oedd y peth yma oedd yn y stafell. Doedd o'n edrych fel petai o wedi disgyn ar 'i wyneb i mewn i ddysgl o siocled berwedig? Cyn i'r tân gochi'n iawn doedd wiw i neb agor drws yr efail am y byddai'r chwa lleiaf o wynt yn ddigon i chwythu fflamau allan o'r tân i wyneb y gof. Dyna ddigwyddodd i Nhad. Mi fydda'r nyrs wedyn yn galw bob dydd am rai wythnosau, ac oni bai am nam bychan ar 'i lygaid, mi wellodd yn llwyr.

Ned Owen oedd ffrind Dad yn y chwarel, gof hynod o fedrus ond dyn swil iawn. Welais i 'rioed mohono fo, er 'i fod o'n byw yn y Cwm. Petawn i'n byw ar y tyddyn lle roedd o'n byw, fyddwn innau ddim am symud fawr chwaith. Roedd o'n dad-yng-nghyfraith i Stewart Jones ac yn dad i Willie Glyn. Am hanner awr wedi chwech mi fydda Ned Owen yn chwibanu a Nhad ac ynta'n cydgerdded at y bws chwarel. Yn y pum degau roedd yna ddegau o fysys a thrên bach yn mynd â chwarelwyr at eu gwaith.

Pan aeth Nhad fel prentis gof i Chwarel Dinorwig, dyn o'r enw 'Josaff' oedd y gof hyna yn yr iard. Roedd o bron yn bedwar ugain ac yn dal i fynd. Mi fydda galw ar Josaff hefyd yn lleol i hollti deilen riwbob i'w rhoi ar goes ceffyl i wella unrhyw straen. Y fo oedd yr unig un, meddan nhw, i fod wedi meistroli'r grefft honno. Un arall oedd â gair uchel iawn iddo yn y chwarel oedd Mr Jones, tad Elwyn Hogia'r Wyddfa. Mi gadwodd Mr Jones ei gysylltiad â'r chwarel ar hyd y blynyddoedd, ac yntau yn ei naw degau.

Chlywais i erioed mo Nhad yn rhegi yn 'y ngwydd i. Pan

fydda morthwyl yn 'i law o mi fydda'n gwneud, medda fo, fel amryw un arall na fyddan nhw'n breuddwydio rhegi y tu allan i'r gwaith. Yr unig reg i Nhad glywed 'i fòs o'n 'i hyngan erioed, mewn unrhyw sefyllfa, oedd 'tusw annwyl'.

'Crefft y duwiau' oedd crefft y gof, yn ôl Dad, am 'u bod nhw'n angenrheidiol mewn unrhyw gymdeithas. Mi glywais o'n dweud mai'r Celtiaid oedd y rhai cyntaf i bedoli ceffylau efo pedolau haearn ac mai rhai lledr oedd ar garnau ceffylau'r Rhufeiniaid. Rhoi'r gora i'w waith fu raid iddo, a hynny rai blynyddoedd cyn i mi fynd ato i fyw. Byddai ambell ddiwrnod yn ddiwrnod da a llawer un ddim mor dda. Mi fyddai'n darllen llawer, a'r ddau ohonon ni'n mynd i ddosbarth nos yr Athro Huw Morris Jones. Mi fu'n cynnal dosbarthiadau nos yn y Cwm am dri thymor, a nifer go dda ohonan ni'n mynd yn rheolaidd. Trafod pyncia'r dydd fydda'r dosbarth, o dan arweiniad yr athro.

Mi fydda'r dadla yn hynod o frwd a phenboeth ambell i wythnos, a phawb yn anghofio am yr amser! Ond mi fydda pawb yn cytuno ar y diwadd ei bod hi wedi bod yn noson werth 'i chael. Yn rhan o'r criw roedd y Parchedig T. O. Thomas, gweinidog efo'r Methodistiaid Calfinaidd oedd wedi ymddeol ers blynyddoedd ond a oedd yn dal i wisgo'i goler gron gyda balchder. Calfin i'r carn oedd o, ac yn uchel ei barch yn y pentre – er 'i fod o'n cael 'i ystyried braidd yn sych-dduwiol a di-wên. Un gyda'r nos mi ddaeth y dadla i stop trwy i rywun ddweud 'mae Duw wedi marw, felly . . .'. Dyma Mr Thomas yn saethu i fyny ar 'i draed, pwyntio'i fys a dweud, 'Sut y gall hynny fod ac Abraham wedi dweud 'i fod o'n fyw?' Dyna ben ar unrhyw ddadl lle'r oedd Mr Thomas yn y cwestiwn, a'r athro'n tawelu'r dyfroedd a dod â'r noson i ben trwy ddweud – a dim ond deng munud ar ôl – ei bod hi'n rhy hwyr i ddechra dadl ar ffydd a diffyg ffydd! Mynd adre â gwên fach ar ei wyneb wnaeth Mr Thomas. Roedd ei gydwybod cymdeithasol o wedi'i fowldio yn Oes y Degwm ac anghyfiawnder y tirfeddianwyr. Er 'i fod o'n ddadleuwr pwyllog mi fydda'n gwylltio'n gacwn weithia ac un tro aeth mor bell â dweud 'i bod hi ddigon hawdd gweld sut bobl oedd yn byw yng Nglynllifon, ''tai ond edrych ar yr holl gerflunia noethlymun yna yn y cyntedd'. 'Dyn o argyhoeddiad' oedd disgrifiad Dad o'r Parchedig T. O. Thomas. Mi fyddwn i'n mwynhau gwrando a bod yn rhan o'r cwmni yna.

Dyma'r amser hefyd pan fyddan ni genod yn mynd i Gaernarfon ar nos Sadwrn. Bellach nid i'r *matinee* ond i'r *first house*, a hwnnw'n gorffen am hanner awr wedi saith. Cerdded rownd a rownd wedyn a gorffen yn y Mantico am baned o goffi cyn dal y bws naw am adra. Y Mantico oedd y 'dafarn goffi' gyntaf i agor yn yr ardal, a doedd pawb ddim yn hapus am hynny. Yn ôl rhai, lle i arwain pobl ifanc i ddistryw oedd y Gehena yna. Mae'n anodd credu nad oedd y ffasiwn betha â *tights* yn bod, na *teenagers* chwaith. Digon di-liw oedd ein dillad ni wedi bod ond, yn sydyn ar ddiwedd y pum degau a dechra'r chwe degau, mi ddaeth ffenomen o'r enw Brigitte Bardot i'n bywydau ni. Y genod eisiau gwisgo yr un fath â hi a'r hogia yn eu breuddwydion eisiau hi'n gariad. Mi ddaeth yn ffasiwn i wisgo ffrogia *gingham* a belt yn dynn, dynn am y wasg. O dan y ffrog mi fydda rhai, mwy ffasiynol na'i gilydd, yn gwisgo mwy nag un bais 'net' gwmpasog ac ambell un hyd yn oed yn golchi'r peisia mewn dŵr a siwgwr er mwyn cael y ffrog yn fwy cwmpasog fyth. Dwi'n ama' dim na fyddai ambell ffrog yn cymryd ei lle'n dda ar *Come Dancing!* Ychydig iawn o golur oedd yn cael ei ddefnyddio. Y rhai mwyaf poblogaidd oedd *Creme Puff* – rhyw fath o bowdwr solet oedd hwn – a *Yardley's Feather Finish*, hylif eithaf trwchus fyddai'n tueddu i roi'r argraff bod rhywun wedi disgyn i focs paent. Unwaith y mentrais i ar y *Creme Puff* a rhoi lipstic mwya ffasiynol y dydd, sef *iced pink,* ar 'y ngwefusau. Mi welodd Dad fi a ngyrru i molchi, gan ddweud mod i'n edrych fel Dorothy Dandridge. Wn i ddim hyd heddiw pwy oedd Dorothy Dandridge. Dyna fel yr oedd pethau bum mlynedd a deugain yn ôl.

Mi ges i drafferth mawr i berswadio Dad i roi caniatad i mi i fynd i Landudno i weithio dros wyliau'r haf. Fel yr oedd pethau'n edrych i mi, yno roedd pawb yn mynd. Ar ôl hir berswâd, mi ges ganiatâd i fynd – ar yr amod fy mod i'n rhoi hanner 'y nghyflog yn fy llyfr Post, 'fel cadw mi gei'. Cytuno'n syth wnes i. Mi faswn i wedi cytuno i unrhyw beth er mwyn cael mynd i Landudno. Lorna a fi yn mynd ar y bws i chwilio am le a chael un da, y Richmond Hotel. Mr a Mrs Williams oedd y perchnogion, y ddau yn bencampwyr ar ddawnsio *ballroom* ac yn Faer a Maeres y dref. Dwy *chambermaid* oeddan ni, yn codi am chwech i wneud y baned foreol cyn mynd ati i lanhau. Ar adegau eraill, gweithio'n hwyr y byddan ni er mwyn gwneud y baned ddeg i'r gwesteion. Mi fydda yna ddigon o adloniant i'w gael yn y dref – yn theatrau, llefydd i ddawnsio a sêr yn dod i ddiddanu yn y *Variety Shows*. Mi fu Lorna a minnau'n gweithio yn y Richmond am ddau neu dri haf a Heddwen yn dod aton ni un haf. Yr haf olaf yn Llandudno, bu raid i mi fynd i weithio i westy arall am fy mod i wedi meddwl na fyddwn i'n mynd yno'r flwyddyn honno ac, o ganlyniad, yn colli fy lle yn y Richmond. Ond fydda hi ddim wedi bod yr un peth yno heb Lorna.

Pobl ganol oed a hŷn oedd yn dod ar eu gwyliau i Landudno, ond yn yr haf mi fydda 'na ddegau ar ddegau o bobl ifanc yn dod yno – rhai fel ni yn dod dros dro i wneud y gwaith tymhorol, a rhai o Sbaen yno'n barhaol. Yn fuan ar ôl i ni gyrraedd yno am yr haf cyntaf, a minnau'n edrych ar sebonau mewn siop cemist, dyma ryw fachgen tipyn hŷn na mi yn dechrau siarad efo mi yn Sbaeneg. Mi ddeallodd bron yn syth nad Sbaenes oeddwn i. Mi gerddom ni allan o'r siop efo'n gilydd, y fo tuag at westy'r Grand a minna tuag at y Richmond. Ymhen deuddydd, a minnau'n cerdded ar y Prom, pwy ddaeth heibio ond yr un bachgen eto. Mi gawson ni sgwrs a chydgerdded a mynd am baned o goffi. Hanner Sbaenwr, hanner Eidalwr oedd o ac yn bum mlynedd yn hŷn na mi. Myfyriwr yng ngholeg Birmingham oedd Henrico, ac wedi gwirioni ar Gymru.

Mi fuon ni'n gweld ein gilydd bob haf am bedair blynedd. Ffrindiau oeddan ni, yn mynd i weld gwahanol lefydd o gwmpas a chael ambell i bryd o fwyd. Yn ystod y cyfnod yma mi ges i docyn i fynd i weld grŵp oedd yn prysur wneud enw

iddyn nhw'u hunain. Rhoi'r tocyn i rywun arall wnes i am fod
Henrico a minnau'n mynd i Lanrwst a Betws-y-coed ar ôl cinio
ac yn bwriadu dod yn ôl gyda'r nos. Felly y bu hi. Anghofia i
byth enw'r grŵp hwnnw – y Beatles oeddan nhw. Ches i erioed
y cyfle i'w gweld nhw byth wedyn. Mynd yn ôl i Sbaen wnaeth
Henrico i weithio fel peiriannydd sifil, a minnau'n ôl i Fangor a
Chwm y Glo. Doedd yna erioed awydd na bwriad i bethau fod
yn wahanol.

Doedd petha ddim yn fêl i gyd adref yn ein tŷ ni. Mi fydda
yna sgwrsio am oria weithia, nid bob tro o ddewis, a gwrando
hyd berfeddion nos. Gwrando ar Dad yn trafod ac yn adrodd
pytia o lenyddiaeth a'r rheiny'n cael eu hadrodd a'u hailadrodd.
Dylanwad Mr Robert Morris, ei hen athro Saesneg, oedd yn peri
bod Dad yn cofio mor dda. Y ddau ddarn a glywn i amla oedd:

> To thine own self be true.
> Then it follows as night the day
> That thou shall'st not be false to any man . . .

Ffefryn mawr arall gan Shakespeare oedd yn cael 'i dweud yn
aml iawn oedd rhan o araith fawr Portia allan o *Marsiandwr
Fenis*. Mi ddylwn fod yn gwybod hon ar 'y nghof:

> The quality of mercy is not strain'd;
> It droppeth, as the gentle rain from heaven
> Upon the place beneath: it is twice bless'd:
> It blesseth him that gives, and him that takes:
> Tis mightiest in the mightiest; it becomes
> The throned monarch better than his crown;
> His sceptre shows the force of temporal power,
> Wherein doth sit the dread and fear of kings;
> But mercy is above this sceptred sway,
> It is enthroned in the hearts of kings;
> It is an attribute to God himself;
> And earthly power doth show likest God's
> When mercy seasons justice . . .

'Enaid clwyfus' oedd Dad, ac mi alla petha fod wedi bod mor wahanol. Wrth ddarllen llyfr Patrick Hannan, *The Welsh Illusion*, rai blynyddoedd yn ôl, mi ddois ar draws y dyfyniad hwn: 'Life must be lived forwards but can only be understood backwards'. Dad fydda'r cynta i ddweud 'amen' i hynna.

Dyma ddiwedd cyfnod, a finna ar fy ffordd i'r Brifysgol ym Mangor. O edrych yn ôl dros y blynyddoedd, a phennod arall yn agor, geiriau Kate Roberts sy'n crynhoi 'nheimlada i:

Roedd yna fwy o gamp nag o remp yn 'y nghartra i ac yn y gymdeithas y maged fi ynddi.

BANGOR

Fentrais i ddim ymhell o nghartre i'r coleg; Mair Roberts a minnau'n cyrraedd Bangor yng nghar ei thad, y Parch. Bryn Roberts. Mair i Faesog a finnau i Gaederwen i rannu ystafell efo Vera Williams a chael croeso mawr gan fyfyrwyr yr ail flwyddyn. Mi ddois i adnabod Rhian a Margaret Richards yn dda, a'r ddwy yn barod iawn bob amser i roi help llaw. Ar ddiwedd y flwyddyn gyntaf mi symudodd Vera a fi i letya i Brynteg Terrace at Mr a Mrs Charles a chael llety arbennig o dda. Welson ni fawr o Mr Charles am 'i fod o'n gweithio'n ddibaid bron. Y fo oedd Jeff Charles, ffotograffydd *Y Cymro*, y mae dwy gyfrol o'i luniau wedi eu cyhoeddi o dan olygyddiaeth Ioan Roberts, un o'i gyd-weithwyr. O dipyn i beth, mynd ein ffordd ein hunain yn ei hamser hamdden wnaeth Vera a fi, Vera at chwaraeon – hoci yn arbennig – a finna at y ddrama. Vera Savage ydi Vera Williams ers blynyddoedd bellach a'i gŵr, Austin wedi chwarae hoci rhyngwladol am flynyddoedd. Mae'r ddau wedi ymddeol o fod yn athrawon yn Ysgol Glan Clwyd erbyn hyn.

Yr unig un o nheulu i i fynd i Brifysgol cyn hyn oedd Robert Jervis, cefnder i Nain. Mae sôn amdano yn *Afal Drwg Adda*, hunangofiant Caradog Prichard. Bachgen disglair oedd o, enillodd ysgoloriaeth i Fangor ac a laddwyd yn ystod y Rhyfel Mawr yn Ffrainc. Mae ei enw ar y rhestr sydd yn y cyntedd yn y Brifysgol. Yn llyfr Elwyn Hughes – cynfyfyriwr arall ym Mangor – sef *Byd a Bywyd Caradog Prichard*, mae disgrifiad o Robert Jervis. Mi fûm i ym Methesda unwaith, flynyddoedd yn ôl, ar Sul y Cofio yn gweld ei enw ar y gofgolofn yno, ac englyn R. Williams Parry:

AR GOFADAIL

O Gofadail gofidiau – tad a mam!
Tydi mwy drwy'r oesau
Ddysgi ffordd i ddwys goffáu
Y rhwyg o golli'r hogiau.

Miss McNulty, darlithydd yn yr Adran Hanes, oedd fy nhiwtor personol i yn ystod fy mlwyddyn gyntaf yn y coleg. Profiad tipyn gwahanol oedd mynd at Miss Enid Pierce Roberts, yr Adran Gymraeg, ond roedd y ddwy yr un mor garedig. Cael panad a phâr o fenig gwlân ar noson oer gan Miss Roberts. Gwydriad o *sherry* a sigarét yn cael eu cynnig gan Miss McNulty. Mae'r menig gwlân yna'n dal gen i o hyd. Yr oedd yn ofynnol i bawb oedd yn Adran y Celfyddydau i wneud blwyddyn o Athroniaeth, ac yno yr oedd Mr Huw Morris Jones. Yn annisgwyl, mi nabododd fi o'r dyddiau rheiny yn yr ysgol nos erstalwm. Mi ofynnodd sut yr oeddwn i'n setlo i lawr a gofyn sut oedd Dad. Lle braf iawn oedd y Coleg. Rhy braf yn aml!

Erbyn tymor y Pasg roeddwn wedi gwneud ffrindiau hefyd hefo hogan walltddu oedd yn rhannu ystafell efo Mair. Ann Pritchard oedd ei henw hi, o Blas Penmynydd, ac yn ddiweddarach mi ddois i'n ffrindia hefo Iona Williams o Lithfaen hefyd. Mae'r pedair ohonan ni'n dal yn ffrindia – y nhw wedi bod mewn swyddi call ac wedi ymddeol! Ann, a'i gŵr Meic, yn athrawon; Mair, a Gwynn Matthews, yn ddarlithwyr, a Iona a'r diweddar Gareth Lloyd Williams wedi sefydlu cwmni teledu annibynnol llwyddiannus. Y pedair ohonon ni, fel amryw un arall, wedi cyfarfod ein gwŷr yn y Coleg. Y pedair ohonan ni'n mynd i bopeth a phobman y medran ni.

Allwn i ddim bod wedi cael gwell cwmni na gwell cwmnïaeth nag oedd yna ym Mangor ar ddechrau'r chwe degau. Wrth 'y mhenelin i'r funud hon mae *Geiriadur yr Academi* o waith Bruce Griffiths a Dafydd Glyn Jones – ac i feddwl mod i'n galw'r ddau yn 'chdi' ers dyddiau Bangor! Mi fyddan ni'n heidio i Neuadd Powys i Gymdeithas y Cymric a chael nosweithiau amrywiol, o'r digri i'r difri. Yno y clywson ni ddatganiad ysgubol Dafydd Glyn mai 'Gorau barf, barf dysg', a'r chwerthin wedyn wrth iddo draethu ar y gosodiad. Mi fydda yna ymarfer at y Steddfod Ryng-golegol hefyd, yn gorau canu ac adrodd ac un gystadleuaeth ddifyr, y perorasiwn. Arbenigwr ar y grefft oedd y diweddar Byron Howells; myfyriwr diwinyddol oedd Byron, a fo ac Ainsleigh Davies, os cofia i'n iawn, o Goleg Aberystwyth yn brwydro am y wobr gyntaf. Mi briododd Byron ag Eirian ar ôl iddyn nhw gyfarfod yn y coleg. Petawn i'n gorfod gwneud rhestr rywbryd o bobl arbennig, mi fydda Eirian yn uchel iawn ar fy rhestr i, er mai yn ystod y deunaw mlynedd diwetha yma y dois i'w hadnabod hi. Ar fy mhen-blwydd yn drigain oed mi ges gopi o *Gone With The Wind* yn anrheg ganddi. Ia, i ble'r aeth y blynyddoedd?!

Mae yna un ddadl fawr yn aros yn 'y nghof i. Mae'n rhaid 'i bod hi ar ôl darlith Saunders Lewis, 'Tynged yr Iaith', yn 1962 a'r Gymdeithas Ddadla yn gosod y testun 'Y Dylai'r Iaith Gymraeg Gael Llonydd i Farw'n Dawel'. Fe roddwyd y testun yn ddwyieithog am mai yn Saesneg y byddai'r ddadl, a'r Coleg bron i gyd yn heidio i mewn i neuadd fawr Pritchard-Jones. Roedd y lle'n orlawn. Y 'gynnau mawr' oedd yn ffau'r llewod y noson honno, sêr y gymdeithas ddadla – y rhai allai ddadlau y naill ffordd neu'r llall ar unrhyw bwnc. Yn erbyn y gosodiad roedd Euryn Ogwen a Derec Llwyd Morgan. O blaid: Steve Roberts a John Owen Hughes. Nid mater hawdd oedd hi i ddadlau yn erbyn y gosodiad gan fod mwy o fyfyrwyr Saesneg yn y neuadd nag o Gymry. Ar y llaw arall, nid ar chwarae bach y mae perswadio llond neuadd o fyfyrwyr y dylai unrhyw iaith beidio â bod am byth. Derec Llwyd Morgan ac Euryn Ogwen enillodd y ddadl. Ymhen tair blynedd mi fûm i'n gariad i John Owen Hughes yn y gyfes deledu *Chwalfa*, a mwynhau'n arw ei bortread – yn eironig o gofio'r noson honno – o Saunders Lewis yn y ffilm *Penyberth*. Fel John a minnau, mynd yn actor wnaeth John Owen a chymryd yr enw Owen Garmon. Ymhen ychydig flynyddoedd, daeth seren arall i'r gymdeithas ddadlau – un sy'n dal o hyd i fwynhau dadl, yr unigryw Dafydd Elis Thomas.

Mi fyddwn wrth fy modd yn gallu dweud fy mod i wedi cymryd rhan gyflawn ym mwrlwm y protestio dros yr iaith yn y chwe degau, ond celwydd fydda hynny. Mi es i aml i brotest ac ro'n i'n gefnogol i holl weithgareddau Cymdeithas yr Iaith ar goedd ac yn y dirgel. Emyr Llew oedd arwr y cyfnod i mi, fel i gannoedd o rai eraill. Ond dim ond unwaith y bûm i mewn cell, a hynny ond am ychydig oriau ar ôl i dri ar ddeg ohonon ni baentio wal y Swyddfa Gymreig yng Nghaerdydd yn ystod Eisteddfod Casnewydd, flynyddoedd lawer wedi cyfnod y chwe degau. Cael galwad ffôn wnaeth John a minna i ofyn a fydden ni'n fodlon cymryd rhan mewn protest y tu allan i faes yr Eisteddfod, a hynny yng Nghaerdydd. Er i mi bendroni ychydig, allwn i ddim gwrthod a minnau'n ganol oed a heb wneud dim hyd hynny. Nid oherwydd yr achos yn unig y penderfynais i dderbyn, ond hefyd am fod gen i gymaint o barch tuag at yr un ar ddeg arall am eu safiad dro ar ôl tro dros y blynyddoedd: Cen Llwyd, John Rowlands, Robat Gruffudd, Dyfrig Thomas, Dyfan Roberts, Gwilym Tudur, Menna Elfyn, Helen Prosser, John Ogwen, Enfys Llwyd, Dyfan Roberts, Manon Rhys a Carl Clowes.

Hogan y brwsh bras ac nid y crib mân ydw i. Does gen i ddim digon o ddyfalbarhad na 'bambocs' i fynd i berfedd pethau. Er i mi fwynhau Hanes, yn arbennig Hanes Cymru gyda'r Athro Gwynn Williams, ymbellhau'n raddol wnes i ac edmygu Emyr Price am ei allu yn y pwnc. Mi wnes i adduned yr awn i yn ôl rhyw ddydd i astudio am radd anrhydedd mewn Hanes, a chael dosbarth cyntaf!

Adran agos-atoch chi oedd yr Adran Gymraeg dan arweiniad yr Athro Caerwyn Williams. Dr Geraint Gruffydd a'r Doctor Brinley Rees yn addfwyn a phwyllog; John Gwilym Jones â'i wên a'r tafod yn llythrennol yn y boch wedi iddo wneud rhyw osodiad dadleuol. Afiaith Bedwyr Lewis Jones a'r anghymharol Enid Pierce Roberts, a chlywed myfyrwyr yr ail flwyddyn yn sôn am ryw bishyn, Gwyn Thomas, oedd wedi ymuno â'r adran.

Unwaith erioed y ces i diwtorial ar fy mhen fy hun, a hynny

gyda'r Dr Brinley Rees. Doeddwn i ddim i fod yno heb rywun arall efo fi, ond felly digwyddodd hi. Ar y diwedd, cyn i mi godi i adael yr ystafell, mi ddywedodd yn dawel bach nad fi oedd y myfyriwr mwyaf gwybodus i gerdded y coridorau, ond mod i'n ddeallus. Mi fûm i'n byw ar hynny am weddill fy amser yn y coleg – ac wedi hynny hefyd!

Alla i yn fy myw, er pendroni, feddwl bod 'Y Chwe Degau' wedi ein hysgwyd ni ym Mangor. Yn sicr, yr oedd yna newid ar droed ac un o'r newidiadau mawr ym myd adloniant oedd dyfodiad *That Was The Week That Was* ar y teledu. Yn 1962 y ffrwydrodd y rhaglen hon ar y sgrin. Yr oedd yna gyfeiriad at y digwyddiad hwnnw yn ôl yn 1605 pan fu bron i Guto Ffowc chwythu Tŷ'r Cyffredin i ebargofiant a chymharu hynny â'r modd yr oedd David Frost a chriw ifanc y rhaglen newydd hon yn mynd i ysgwyd rhai o'r sefydliadau Prydeinig i'w seiliau.

Dyna ddigwyddodd ar y noson agoriadol – mi fu raid i'r merched weithio ar y teleffonau tan oriau mân y bore er mwyn derbyn galwadau o feirniadaeth ac o glod. Rhaglen ddychan oedd hi, ac yn fuan iawn daeth y criw dethol yn enwau cyfarwydd: pobl fel Millicent Martin, y diweddar Roy Kinnear a'r diweddar William George Rushton. Y cyfarwyddwr oedd Ned Sherrin. Anodd credu heddiw bod un rhaglen ar nos Sadwrn yn gyfrifol am wagio tai tafarnau ar hyd a lled Prydain. Dyma'r tro cyntaf i wleidyddion blaenllaw y dydd – rhai fel Harold Wilson, Harold Macmillan a George Brown – gael eu rhoi o dan chwyddwydr yn y modd mwyaf cyhoeddus posibl. Mi glywais ar y radio'n ddiweddar, wrth i rywun gyfeirio'n ôl at y rhaglen, mai dyna pryd y crewyd yr ymadrodd 'tired and emotional' wrth i George Brown faglu allan o dacsi. Mae yna gysylltiad Cymreig yn y broliant i'r rhaglen:

> 'antidisestablishmentarianism is hoping that one day it will grow up to be as big as Llanfairpwllgwyngyll gogerychwyrndrobwll llantysiliogogogoch'!

Mewn degawd o brotestio ar draws y byd yn erbyn annhegwch, rhyfel a'r bom niwclear, mae un digwyddiad wedi'i serio ar feddwl pawb o ryw oedran arbennig. Ar nos Wener 22ain o Dachwedd 1963 roeddwn i'n eistedd yn y ffreutur yn disgwyl y 'gang' o'r pictiwrs. Gwag iawn oedd hi a neb roeddwn i'n 'u nabod yn digwydd bod yno. Doedd dim yn digwydd ond sŵn cerddoriaeth glasurol yn dod dros yr uchelseinydd. Pawb yn meindio'i fusnes 'i hun. Am hanner awr wedi saith, dyma newydd syfrdanol yn dod o'r uchelseinydd, sef bod Arlywydd America, John F. Kennedy, wedi cael ei saethu, ac wedi marw o'i anafiadau mewn ysbyty yn Dallas, Texas. Anodd ydi dirnad cymaint o sioc oedd clywed y llais yna, yn datgan mewn un frawddeg fer bod y 'mab darogan', wedi mynd am byth. I'r rhan fwyaf ohonon ni bobl ifanc, dyma wleidydd yr oeddan ni'n gallu uniaethu ag o. Roedd popeth ganddo: gallu, arian, teulu ifanc; roedd o'n olygus ac yn un o'r ddau berson mwyaf pwerus yn y byd. Roedd ganddo'r awydd a'r gallu i newid y byd er gwell. Ond roedd y gŵr a 'gusanwyd gan y duwiau' wedi peidio â bod – a hynny, i bob pwrpas, mor hawdd â diffodd cannwyll.

Yn 1966 mae digwyddiad yn nes adref wedi aros yn 'y nghof i. Yng Nghaerfyrddin, etholwyd Gwynfor Evans yn Aelod Seneddol – y cyntaf erioed dros Blaid Cymru. Er nad oeddwn i na Dad yn Bleidwyr, wrth wrando ar y radio, teimlwn rhyw foddhad bod un a fu'n gweithio mor galed am flynyddoedd wedi cael ei wobr. Curo dwylo wnes i a Dad yn sychu'i lygaid, gan feddwl nad oeddwn i wedi gweld. Dweud wnaeth o y bydda unrhyw un yn fwy na bodlon tynnu'i gap i ddyn oedd wedi gwireddu breuddwyd oes.

Rhyw hercian i mewn i'r chwe degau wnes i, ond yr oedd yna un peth yr oeddwn i wrth fy modd yn ei wneud – ac mi fyddwn hyd heddiw, petawn i'n cael y cyfle – a hynny ydi dawnsio. Yn Ysgol Brynrefail erstalwm, ar ddiwrnod glawog wedi i ni gyrraedd y pumed neu'r chweched dosbarth, yn hytrach na *games,* mi fyddan ni'n cael dysgu dawnsio *ballroom.* Mi fyddwn i wrth fy modd, yn wên i gyd ond heb fawr o obaith bod yr hogiau o'u gwirfodd yn mynd i redeg i gynnig eu hunain fel partneriaid. Gan 'i bod hi'n bwrw glaw yn reit aml ynghanol y mynyddoedd, mi ddois yn ddawnswraig ddigon da i allu mwynhau ambell *waltz* a *foxtrot* heb faglu ar draws 'y nhraed fy hun ac, yn bwysicach na hynny, traed neb arall chwaith!

Mi fydda'r 'Hops' ar nos Sadwrn yn fy siwtio i'n iawn, felly. Buan iawn y sylweddolais i ar ôl cyrraedd Bangor mai'r *Twist* oedd y ddawns ffasiynol a bod rhaid ymarfer yn galed. Bob nos Sadwrn mi fydda neuadd P. J. yn llawn dop o fyfyrwyr yn mwynhau dawnsio – neu'n eistedd ar y cadeiriau ar y cyrion yn gwrando ar y band. Dyma'r unig adeg y byddwn i'n gwisgo colur a, byth er dyddiau Dorothy Dandridge, dim ond ychydig ohono fo. Mi ges i fraw un noson a ninnau'n dawnsio'r *waltz* olaf; dyma fi'n rhoi fy mhen ar ysgwydd Gareth Gregory a sylweddoli ar y diwedd bod yr ychydig golur oedd ar fy wyneb i bellach ar siwmper wen Gareth! Ddwedais i ddim byd a ddwedodd Gareth ddim byd chwaith. Roedd yn ormod o ŵr bonheddig i beri embaras i neb. Unwaith y flwyddyn mi fydda yna *Pyjama Dance* ac, ar y diwedd, goleuadau *infra-red* yn cael eu troi ymlaen. Y canlyniad i hynny oedd bod y pyjamas yn mynd yn *see-through*. Chlywais i erioed am neb yn cael 'i ddal heb 'i ddillad isaf o dan 'i byjamas, chwaith!

Yr hyn oedd yn braf am y cwbl i gyd oedd bod criw ohonon ni'n mynd hefo'n gilydd a phawb yn teimlo'n ddiogel heb feddwl ddwywaith am y peth. Mi fyddwn i'n mynd yn aml i weld y genod yn University Hall: Ann, Mair, Iona, Alma, Sulwen, Alice a'r ddiweddar Pers. Bob hyn a hyn mi fydda yna alwad ar i ni fynd i gael cinio nos Sul ar y bwrdd mawr; a 'Doc Mart' yn y canol a nifer o'r darlithwyr eraill o'i chwmpas hi. Cinio ffurfiol oedd cinio nos Sul, a phawb yn eu gynau duon. Er na fyddwn i'n mwynhau'r ffurfioldeb hwnnw bob dydd o'r wythnos, roedd yna ryw steil apelgar ynglŷn â'r holl seremoni. Dr Martin roddodd ei chaniatâd i ni gael parti unwaith, ar yr amod mai dim ond gwin oedd i'w yfed ar safle'r Neuadd. Y ffyliaid gwirion i ni, yn tollti'r holl ddiod i mewn i un crochan o'r gegin. Dyna oedd parti i'w gofio! Chawson ni erioed barti – nac awydd cael un chwaith – ar ôl hynny.

Ambell waith, fel pawb arall mae'n siŵr gen i, mi fyddwn i

Y tro cyntaf mewn drama deledu: *Chwalfa*, T. Rowland Hughes.

Fy 'mab', Arwel Gruffydd, yn *Bob a'i Fam.*

Yr hen deyrn, Sioned Gruffydd, yn *Te yn y Grug.*

Dilwyn Owen, Emrys Cleaver a fi, fel Marged: *Lleifior* 1.

Fi, fel Greta: *Lleifior* 2.

Siwan a Gwilym Brewys (Rhys Parry Jones).

Gymerwch Chi Sigarét?: Trefor Selway, J. O. Roberts, fi a Richard Elfyn.
Judith Humphreys oedd Iris.

PECYN CD DWBWL CYNHYRCHIAD NEWYDD GAN SAIN
GYDA **IOAN GRUFFUDD, MAUREEN RHYS,
JOHN OGWEN** A **BETHAN HUGHES**

SIWAN
SAUNDERS LEWIS

IOAN GRUFFUDD
BETHAN HUGHES
JOHN OGWEN
MAUREEN RHYS

Er mai fel drama yr ystyrir *Siwan*
yn gyffredin, fel *cerdd greadigol*
y disgrifiodd Saunders Lewis
y gwaith, er mwyn pwysleisio
nad *gwaith hanesydd* mohono.
Fe'i hysgrifenwyd yn 1954, ac fe'i
cydnabyddir fel un o glasuron y
llwyfan Cymreig.

Recordiad o *Siwan* gan Sain.

Esther – y poster.

Esther – y ddrama (gyda Stewart Jones).

Penbleth Esther.

Taith *Un Nos Ola Leuad*: Grey
Evans a fi.

Fy Mari Lewis i: Elen Roger Jones,
yn *Tywyll Heno*.

Judith Humphreys yw Alys yn
Siwan.

Hoff lun Graham Laker: *Dyddiau Difyr* Beckett, cyfieithiad Annes Gruffydd.

Wini'n dal i wenu drwy'r cwbl.

Yr artaith fawr: Bet sy'n tynnu llinyn y staes!

Y Weddw Quinn yn *Congrinero'r Gorllewin*.

Cael fy ngwnïo i'm ffrog; Llinos yn
Enoc Huws.

Fi wedi fy ngwisgo i fyny yn
Gari Tryfan.

Fy ffilm olaf, *Eldra*, o dan
gyfarwydd Tim Lyn.

Pont Robat: Noel Williams a fi (Karl a Greta Lleifior!)

Noson y glaw mawr: Gwyn Vaughan a fi yn *Lle Mynno'r Gwynt*.

Hywel A: fi, Mari Gwilym, Wyn Bowen Harris, Islwyn Morris, Huw Ceredig, Sioned Mair, Ifan Huw Dafydd a Dyfed Thomas.

Enoc Huws, ddy miwsical! Anwen Williams, Mair Tomos Ifans, Eirian Owen, fi a Siân James.

Gwely a Brecwast: Robin Griffith a fi.

Cast *Lle Mynno'r Gwynt*: Grey Evans (cynhyrchydd), fi, Gwyn Vaughan,
Bethan Dwyfor, Janet Aethwy, Gareth Roberts, Stewart Jones,
Mari Emlyn, Tony Llewelyn.

wrth fy modd yn mynd am dro ar fy mhen fy hun, yn union fel ag y byddwn i pan oeddwn i adref. Yr unig wahaniaeth oedd bod gen i adref lecyn arbennig y byddwn i'n anelu ato fo. Yn y fan honno y byddwn i'n ceisio rhoi trefn ar fy meddyliau ac yn breuddwydio breuddwydion llawer mwy real na'r rheiny yn y Majestic erstalwm. Ym Mangor, cerdded er mwyn cerdded y byddwn i a chael hynny ynddo'i hun yn beth pleserus hefyd.

Ann, Mair, Iona a fi: dyma ni'n pedair yn ymuno â'r Gymdeithas Ddrama. Cael ein perswadio i wneud hynny wnaethon ni gan Rhiannon Price (Palmer). Un dda oedd Rhiannon am ddwyn perswâd. Mi alla i ei chlywed hi'n dweud rŵan am i ni'r genod wneud ein dyletswydd dros y Gymraeg a dim ond hynny'n unig. Mi fydda 'na lot o hwyl i'w gael hefyd. Un peth oedd ymuno yn yr hwyl: peth arall oedd sefyll o flaen cynulleidfa yn y neuadd anferth yn dweud geiriau. Buan iawn y dois i ddeall nad dweud geiriau ydi actio.

AGORIAD LLYGAD

Ers dyddiau ysgol roedd y Gymdeithas Ddrama Gymraeg yn golygu mwy nag enw i mi, diolch i Miss Catherine Evans a Mr a Mrs Vaughan Jones. Wrth ymuno â'r Gymdeithas doeddan ni ddim yn meddwl ein bod ni'n mynd i fod yn cymryd rhan fel actorion – doeddwn i yn sicr ddim yn bwriadu cymryd rhan yn gyhoeddus ar y llwyfan anferth yna! Wedi'r cwbl, roedd gan y Gymdeithas yma enw da a dilynwyr rheolaidd – byddai pobl yn dod ar fysys o bell i weld y cynyrchiadau. Nid enw yn unig chwaith oedd Mr John Gwilym Jones i ni ym Mrynrefail. Mi fydda'n dod i feirniadu yn yr Eisteddfod weithiau, ac ar ôl i ni fod ym Mangor mi fydda Miss Evans yn sôn tipyn amdano fo ac yn cyfeirio at 'i ddillad o – at ei dei a'i wasgod yn benodol. Dyna un o'r petha cynta i mi sylwi arnyn nhw pan welais i Mr Jones am y tro cyntaf yn y coleg – pa mor dda oedd o'n gwisgo bob amser. Nid yn rhy barchus, ac eto nid yn fohemaidd chwaith. Dyn y theatr oedd o, wedi'r cwbl, ac yn gwerthfawrogi cael ei ganmol am ei chwaeth. Dyna oedd yn nodweddu John Gwil, ei chwaeth o ym mhopeth. Dyn swil a diymffrost oedd o. Mae yna stori y byddai ei ffrind, John Roberts, yn ei dweud amdano pan ddaeth myfyriwr i'w gartef ar wahoddiad i'w holi o am ei nofel *Y Goeden Eirin*. Ymhen rhyw ddiwrnod neu ddau, dyma John Roberts yn digwydd gweld Mr Jones ar y stryd a gofyn sut yr oedd petha wedi mynd efo'r myfyriwr. Yr ateb gafodd o oedd, 'O diar, wnaeth o ddim byd ond siarad am lenyddiaeth tra buo fo acw'.

Mi wyddai'n iawn mai John Gwil oeddan ni'n ei alw fo, ac yn gwybod hefyd nad bod yn amharchus yr oeddan ni. Term o agosatrwydd oedd o, yn union fel ag y byddai rhai yn y Groeslon yn ymwybodol iawn o Dr John Gwilym Jones, y llenor, y dramodydd a'r beirniad ond, heb fod yn amharchus,

'Johnnie Angorfa' oedd o iddyn nhw. Yn y Groeslon y bu'n byw ar hyd ei oes. Weithiau dros baned mi fydda'n dweud stori a rhoi gwên â'i dafod yn ei foch ar y diwedd. Flynyddoedd ar ôl gadael y coleg, mewn rhyw sgwrs neu'i gilydd, dyma gyfeirio at ei ddrama *Hanes Rhyw Gymro* oedd wedi ei chyhoeddi ers blynyddoedd, a hynny'n ei atgoffa fo o sgwrs gafodd o ar y ffôn efo rhyw gynhyrchydd drama nid anenwog, chwedl fo, er na wnaeth ei enwi o. Gofyn wnaeth y cynhyrchydd a fyddai John Gwil yn fodlon ysgrifennu drama newydd. Awgrymodd yntau iddo fo wneud *Hanes Rhyw Gymro*. Wedi eiliad neu ddwy o ddistawrwydd dyma'r llais ar ben arall y ffon yn gofyn, 'Oes gynnoch chi ryw Gymro mewn golwg, Mr Jones?'

Mi fydda fo hefyd yn ffond iawn o geir cyflym. Un o'r rhain oedd yr Alfa Romeo ond, er i fwy nag un ohonon ni gael teithio yn y car, dwi'n credu mai dim ond Ifan Roberts gafodd ei ddreifio fo. Beth bynnag, i ffwrdd â fo i ddangos y car Alfa Romeo yma i'w ffrind, Syr Thomas Parry. Mi gnociodd y drws a dweud wrth 'Tomos' am ddod allan i weld y car newydd. Dyma ddweud wrth Syr Thomas Parry 'i fod o wedi bod yn benderfynol o gael un o'r rhain cyn mynd i'w fedd. Yr ateb gafodd o oedd, 'Bydd yn ofalus rhag ofn mai hwn aiff â chdi yno!'

Un difyr oedd o i fod yn ei gwmni ond, yn ôl ei gyffes ei hun, un ofnus a braidd yn nerfus oedd o hefyd. Mi fydda hynny'n amlwg wrth iddo fo sefyll ar ochr y llwyfan yn ystod perfformiadau. Mi fydda'n dweud bob gair hefo ni er nad oeddan ni'n gallu gweld hynny. Yr hyn y gallen ni weld yn y tywyllwch oedd darn o ddeunydd gwyn. John Gwil oedd yn y tywyllwch â'i hances boced wen yn ddi-ffael yn swcwr iddo fo – ac i ninnau hefyd. Petaen ni'n gwneud symudiad anghywir, fydda dim llawer o ots. Yn amlach na pheidio, mi fydda raid i symudiad anghywir amharu ar y geiriau a pheri i ni faglu drostyn nhw neu 'u hanghofio nhw'n llwyr cyn y byddai Mr Jones yn sylwi bod dim o'i le. 'I frawddeg fawr o oedd, 'Mae llun yn bwysig, ond mae geiriau'n bwysicach'. Y fo ddysgodd i mi bod yna wahaniaeth mawr rhwng gweiddi a gwneud yn siŵr bod pawb yn eich clywed, a gwahaniaeth rhwng siarad yn ddistaw a gwneud yn siŵr bod y rhes gefn yn neuadd P. J. yn eich clywed chi. Un trwm 'i glyw oedd o ac yn barod i ddefnyddio hynny i bwrpas. Mi gerddai i ben draw'r neuadd a'i law yn hanner codi i'w glust, ond cyn mynd byddai'n dweud bod yn rhaid i'r sibrwd oddi ar y llwyfan, hyd yn oed, fod yn glywadwy iddo fo yn y cefn.

Rhyw lefydd ymhell i ffwrdd ac allan o nghyrraedd i oedd theatrau Llundain, ond roedden nhw'n llefydd cyfarwydd iawn i Mr Jones. Mi fydda'n sôn am actorion enwog y cyfnod y byddai wedi'u gweld nhw'n perfformio ar y llwyfanau mawr – Richardson a Gielgud. Ambell dro mi fyddai'n 'u galw nhw wrth eu henwau cyntaf – Edith a Larry. Syr John Gielgud oedd y ffefryn, oherwydd ei allu tu hwnt i bawb, yn ôl John Gwil, i drin geiriau mor gywrain ac am ei fod yn feistr ar ei iaith ei hun. Mi welais i ddisgrifiad o John Gielgud yn ddiweddar fel actor gorau ei gyfnod 'o'i wddf i fyny'!

Fel cynhyrchydd, y gair oedd yn bwysig i John Gwil: hwnnw oedd yn teyrnasu. Waeth be fyddai'r rhan, roedd yn rhaid i bob llythyren fod yn ei lle. Chaem ni byth bythoedd ddweud 'prodi' yn hytrach na 'priodi' er enghraifft. Priodi oedd y gair i Pegi yn *Y Tad a'r Mab* fel ag i Siwan yn nrama Saunders Lewis. Y gair 'hen' oedd un arall. O roi pwyslais yn ormodol ar y gair, medda fo, 'Dach chi'n gwneud pobl yn "hen" cyn 'u hamser' ac mi fydda'n gorffen trwy roi'i dafod yn 'i foch, gwenu a dweud 'Sut wyt ti'r hen goes?'

O feddwl am y gair 'priodi' a chymeriad Pegi, wnes i erioed ddychmygu y byddwn i'n cael chwarae'r rhan rhyw ddydd, ond dyna ddigwyddodd. Yn 1973 daeth Mr Jones yn Dr John Gwilym Jones, ac i ddathlu'r achlysur penderfynodd Cwmni Theatr Cymru deithio'r ddrama *Y Tad a'r Mab* a chynnig rhan Pegi i mi. Ro'n i wrth fy modd. Yn ôl Saunders Lewis, 'Yn ddios y mae Pegi yn wyrth o greadigaeth'.

Roeddwn i wedi gweld y cynhyrchiad cyntaf ac yn dal i gofio'r clod gafodd y ddrama yng Nghymru ac yn y papurau Prydeinig hefyd. Yn ôl y *Sunday Times*, 'Y mae ganddo, yn anad dim, yr hyn sydd yn ôl Thomas Mann yn hanfodol, sef y ddawn i greu anadl einioes'. A Henry Turton yn *Punch* yn dweud '. . . yr arddull yn newydd a grymus, a'r cymeriadau'n rhan o fywyd yn ogystal ag o'r llwyfan'.

O dipyn i beth mi ddois i ddechrau gweld y gwahaniaeth rhwng sefyll yn llonydd a dweud geiriau, rhywbeth na allwn i ei wneud. Dim ond trwy gymryd arnaf bod yn rhywun arall y gallwn i feddwl am roi cynnig ar wneud dim yn gyhoeddus. Mi ddysgais i'n fuan iawn nad rhywbeth i basio'r amser oedd ymhél â drama i Mr Jones. Os dyna oedd fy mwriad i wrth ymuno â'r gymdeithas yn y lle cyntaf, buan iawn y sylweddolais i bod yna fwy iddi na hynny. Rhwng y darlithoedd a'r ymarferion, roeddwn i'n dechrau mwynhau fy hun, yn cymryd petha o ddifri a gwrando'n astud.

Wyddwn i ddim beth oedd drama o'r creu i'r perfformiad. Yng ngeiriau John Gwil ei hun, '. . . nid rhyw adloniant i dreulio dwy awr ddifyr a dim byd arall yw drama, ond yn hytrach cyfrwng cyfrifol i fynegi profiad. Ond, ac mae'n ond mawr, mae'n rhaid cofio ar yr un pryd fod yn rhaid i'r ddwy awr fod yn ddifyr.'

Doedd o ddim yn ddyn crefyddol ond mi fyddai'n mynd i'r capel yn achlysurol; efallai mai dyna pam y dywedodd o, 'Nid pregath ddylai drama fod, ond nid oes reswm ar y ddaear dros iddi beidio â bod cystal â phregeth'. Ar dudalen flaen ein copi ni o'r gyfrol *Swyddogaeth Beirniadaeth*, mae Mr Jones wedi ei harwyddo hi fel hyn: 'I chi ailddarllen rhywbeth a glywsoch lawer gwaith! Pob dymuniad da.'

Fel y dywedodd rhywun, fyddai'r chwe degau ddim wedi cael cymaint o sylw petai'r pum degau heb ddod gyntaf. Dyna ddegawd y newid mawr ym myd y theatr, degawd pryd y daeth Harold Pinter, John Osborne, Samuel Beckett a Ionesco yn enwau mawr – a ninnau'n cael bod yn rhan o'r bwrlwm yma a John Gwil yn trosi neu gyfieithu rhai o'u dramâu. Bu bron i un o ddramâu Harold Pinter golli ei hystyr yn llwyr ar y noson gyntaf. Mair Roberts, Cenwyn Edwards, Robin Griffith, Robat Morris a fi oedd yn y cast. Un peth angenrheidiol yn y ddrama oedd bod y ddynas yn mwytho cath ar ei glin. Er chwilio a holi, doedd dim byd tebyg i gath ar gael. Y penderfyniad oedd gofyn i Iona am fenthyg ei bag cadw-coban hi – Iona oedd y ddynas i ofyn iddi am unrhyw beth ffasiynol oedd ei angen. Pelen fach flewog o gi oedd Ffi-Ffi le Fleur, y bag cadw-coban, nid cath, ond byddai'n gwneud y tro yn iawn – fyddai'r gynulleidfa ddim callach! Dim ond cael y ci ar gyfer y perfformiad wnes i. Llinell gyntaf Cenwyn wrth weld y ddynes yma'n mwytho'i chath oedd: 'Am gath fach ddel sydd gynnoch chi', llinell awgrymog ond pwysig i ddatblygiad y ddrama. Dyma Cenwyn i mewn, edrych i lawr a dweud: 'Am ga . . . gi bach del sydd gynnoch chi.' Heblaw am y ffaith fy mod i mor nerfus, a bod Mr Jones ar ochr y llwyfan bron â llyncu'i hances boced, mi fyddwn i wedi piffian chwerthin. Ein gobaith ni oedd bod y gynulleidfa wedi gwerthfawrogi un saib ychwanegol yn nrama Harold Pinter!

Mae'n rhaid i mi fod yn ofalus a pheidio â rhoi'r argraff fy mod i'n seren yn y Gymdeithas Ddrama. Doeddwn i ddim; un o nifer oeddwn i ac yn mwynhau bod ar y cyrion. Roeddwn i'n ymwybodol iawn mai'r unig ffordd i ddysgu mwy am y grefft o actio oedd eistedd yn ôl â gwrando ac, wrth fagu mwy o hyder, gofyn cwestiwn. Cael fy nhynnu i mewn yn raddol wnes i heb sylweddoli fy mod i'n ymlacio a bod hyd yn oed darllen yn uchel a chyhoeddus ddim mor arteithiol ag yr oeddwn i'n meddwl 'i fod o. Nid teimlad boddhaus yn hollol, ond rhyw deimlo fy mod i'n weddol hapus yn 'y nghroen 'yn hun.

Un o'r uchafbwyntiau i mi oedd cael perfformio yn nrama fawr John Gwilym Jones, *Hanes Rhyw Gymro*. Rhan fechan iawn oedd gen i, yn un o dair merch mewn cast mawr. Y ddwy ferch arall oedd Rhiannon Price a Gwenllïan Jones. Wn i ddim lle i ddechrau enwi pawb oedd yn y cast – roedd y Gymdeithas Ddrama yn ei chrynswth yn dod at ei gilydd i berfformio drama newydd. Wna i byth anghofio perfformiad John Owen (y Parchedig John Owen yn ddiweddarach) yn y brif ran fel Morgan Llwyd.

Ambell dro mi fyddwn i'n mynd i'r ymarferion heb fod angen, dim ond i eistedd a gwrando. Yn ystod y cyfnod ymarfer yma y dechrais i sgwrsio a dod i adnabod myfyriwr arall oedd â rhan fechan yn y cynhyrchiad. John Hughes o Sling oedd y myfyriwr hwnnw.

Mi aethon ni i berfformio allan o Fangor – i'r Gegin yng Nghricieth, er enghraifft. Dyna gwmni lleol enwog ac enwau cyfarwydd yn actio yno. Hwnnw oedd y tro cyntaf i mi gyfarfod Guto Roberts, Stewart Jones a Wil Sam. Am driawd! Y tri wedi adnabod ei gilydd ers dyddiau plentyndod. Heblaw am ei waith fel actor, cofnododd y diweddar Guto Roberts berlau diwylliannol ar dâp – degau, os nad cannoedd, ohonyn nhw. Mae enw Stewart Jones yn adnabyddus i bawb, nid yn unig fel actor ond fel adroddwr barddoniaeth. Un dehongliad ymysg nifer na wna i byth mo'i anghofio ydi Stewart yn sefyll ar lwyfan yn llefaru gwaith J. M. Edwards, 'Peiriannau'.

Flynyddoedd yn ôl, pan oeddwn i'n gorfod newid fy nghyfenw ac yn pendroni beth i'w ddefnydddio yn lle'r un oedd gen i'n barod, dyma fi'n digwydd sôn yn yr ystafell ymarfer mod i'n methu'n glir â chael cyfenw addas i gyd-fynd â'r enw Maureen. Dyma Stewart yn dweud dan chwerthin yn ei ffordd unigryw ei hun, 'Wel, mae 'na Maureen O'Hara a Maureen O'Sullivan – beth am Maureen O'Cwm?'!

Unwaith erioed yn unig, mwya'r piti, y ces i'r cyfle i actio yn nramâu Wil Sam. *Seimon y Swynwr* oedd honno, ar y teledu, gyda David Lyn a Beryl Williams. Mi fyddai'n dda cael gweld mwy o'i waith o'n cael ei berfformio. Dyn difyr a digri. Mi allai Wil Sam droi a dweud rhywbeth yn ddistaw ar hanner sgwrs – fel y gwnaeth o unwaith mewn trafodaeth ar berfformio oedd wedi mynd ymlaen yn rhy hir braidd. Dyma Wil, yn ei ffordd ei hun, yn dweud 'Tasa hi'n mynd yn nos ar betha, gofala bod yna ddechrau da a diwedd da – a byw mewn gobaith bod y gynulleidfa'n mynd i anghofio beth oedd yn y canol!' Doedd dim angen dweud rhagor.

Un daith fythgofiadwy gawson ni oedd mynd i lawr i Gaerfyrddin i'r Ŵyl Ddrama yno. Perfformio yn *Y Gôt Fawr*, trosiad Islwyn Ffowc Elis o ddrama Eidaleg gan Dino Buzzati oedden ni. Gareth Thomas oedd fy mab, Giovanni, ac roedd

Ann ac Alice, Osborne, John, Rhiannon, Euryn, Rhys, Alun – y cwbl lot ohonon ni – yn bryd tywyll! Gwenllïan a Rhiannon oedd yn cyfarwyddo a Gwynn Matthews a John Gwyn yn gofalu am y llwyfan. Drama am fam i filwr yn gwrthod credu bod tynged yn anochel, a chanlyniadau hynny, ydi hi. Mi weithiais i'n galed ar y rhan gan ystyried bod y gwisgo a'r colur yn rhan bwysig o'r cyfanwaith.

Dyna pryd y gwnes i sylweddoli pa mor hanfodol ydi cael y wisg a'r colur yn iawn. Pan wnaethon ni berfformio'r ddrama ym Mangor, mi gawson ni ddau i mewn i roi colur i'n heneiddio ni. Mi es i mor bell â chael pâr o sanau lastig trwchus am 'y nghoesau a rhoi rhyw fath o oel ysgafn ar 'y ngwallt yn ychwanegol at y colur. Mae'n rhaid bod pethau wedi mynd yn weddol, achos mi ddaeth Huw Lloyd Edwards a Gwenlyn Parry atof i ddweud cymaint oeddan nhw wedi mwynhau'r perfformiad. Er na wyddwn i hynny ar y pryd, mae'n debyg mai'r dyma'r tro cyntaf i mi sylweddoli bod yna fwy i greu cymeriad na dibynnu ar yr hunan yn unig. Mi deimlais i ryw wefr, nid ar y llwyfan, ond wrth i Gwenlyn a Huw Lloyd Edwards ddweud mod i'n edrych mor wahanol i mi fy hun.

Yn ystod yr ŵyl yng Nghaerfyrddin, mi gawson ni ein syfrdanu gan ddrama newydd o waith Ionesco wedi ei chyfieithu gan Gareth Miles. Dyma'r perfformiad cyntaf yn Gymraeg o ddrama'r awdur a fu'n rhannol gyfrifol am newid cwrs y theatr. Oherwydd bod yna gyfarfod o'r Academi hefyd yn cael ei gynnal yn yr un lle, roedd yna nifer fawr o bobl y Pethe wedi casglu dan yr unto. Dyma heidio i mewn i weld y perfformiad cyntaf o *Y Ffynnon*. Ar ganol y llwyfan yr oedd yna ffynnon a llaw yn dod ohoni o bryd i'w gilydd, a neb ar y llwyfan yn gwybod beth oedd y peth yma. Dyna, dwi'n credu, oedd sail y ddrama a hynny wedyn yn cael ei ddefnyddio i gyflwyno neges am ystyr neu ddiffyg ystyr bywyd. Nid criw o *pseuds* oeddan ni, dim ond criw o fyfyrwyr yn edrych ymlaen at weld drama o waith awdur roeddan ni wedi clywed amdano fo ond heb erioed gael y cyfle i weld ei waith o.

Doedd *Saer Doliau* Gwenlyn Parry ddim wedi'i chyfansoddi

bryd hynny, a dim byd tebyg i waith Ionesco ar gael yn y Gymraeg. I mi, oedd wedi fy magu ar ffilmiau yn y Majestic, roedd clywed Mr Jones, wrth drafod Ionesco, yn ei ddyfynnu'n dweud 'i fod o 'wedi teimlo mor gyflawn rydd, a phob cadwyn wedi'i thorri, a chael yr argraff y gallwn gyflawni unrhyw beth a ddymunwn gyda iaith a phobl mewn byd nad oedd bellach yn ddim byd imi ond ffug chwerthinllyd heb sail iddo', yn hollol newydd a beiddgar i mi.

Mi gymerodd geiriau fel yna dipyn o amser cyn eu bod nhw'n golygu dim i mi. Ar y cychwyn, swnio'n dda oeddan nhw; rhywbeth y dylai myfyriwr yn y chwe degau fod yn ymhél â nhw. Ond mi ddaeth y geiriau, yn gam neu'n gymwys, i olygu rhywbeth arbennig i mi. Dyna, medda fi wrthyf fy hun, ydi'r diffiniad o ryddid – rhywbeth na wyddwn i amdano ond yn aillaw trwy berfformio.

Mi wirionais i'n llwyr ar *Y Ffynnon* – ar y ddrama a'r actio. Yng nghefn y llwyfan roedd yna allor a chroes arni. Dyma Dafydd Glyn, yn ei gymeriad deuol – hanner plismon a hanner offeiriad – yn gafael yn y groes a'i defnyddio hi fel cleddyf. Waw! Am foment ddramatig oedd honno! Diweddglo'r ddrama oedd bod cymeriad Diniweidrwydd yn dod ar y llwyfan a dweud un gair: 'Llaw'. Dyna ddiwedd y perfformiad yn 'y nghof i. Efallai bod y ddrama wedi mynd ymlaen ar y llwyfan a rhai o'r cymeriadau eraill wedi ymosod yn eiriol ar haerllugrwydd y plentyn yma am ddweud y fath beth. Hwyrach mai fi sy'n dewis cofio diweddglo sy'n gofiadwy ac yn gwneud synnwyr o bethau.

Os mai dyna ddiwedd y ddrama ar y llwyfan, dim ond dechrau oedd y ddrama oddi ar y llwyfan. Dyma alw am y cyfieithydd, ond doedd Gareth Miles ddim yno – nac yn y wlad, os cofia i'n iawn. Braidd yn anfoddog oedd rhai i ddweud dim, ac eraill yn brolio ac yn cymharu *Y Ffynnon* yn ffafriol iawn â dramau eraill Ionesco, megis *Victims of Duty* a *The Chairs*. Dechreuodd rhai o'r papurau dyddiol hyd yn oed roi cyhoeddusrwydd i'r ddrama a gofyn, yn naturiol, am y gwreiddiol.

Y diwedd fu i nifer o bobl syrthio ar eu bai – neu'n hytrach, eu clod – a chyfaddef, cyn gwneud ffyliaid o bobl y ddrama, mai tipyn o hwyl wedi mynd dros ben llestri oedd y cyfan. Wn i ddim pwy oeddan nhw i gyd, dim ond clywed crybwyll enwau fel Gwenlyn, Huw Lloyd Edwards, John Gwilym Jones a Geraint Jones wnaethon ni. Wedi dod at ei gilydd yng Nghaerfyrddin oeddan nhw i ysgrifennu 'sbŵff', heb freuddwydio y byddai cynifer o bobl yn cael eu twyllo. Naill ai hynny, neu i geisio profi pa mor hawdd oedd hi i dwyllo mewn oes pan oedd geiriau fel 'absẃrd' a 'symbolaidd' yn cael eu taflu fel smartis o gwmpas y lle. Un llais tawel o amheuaeth ymysg ein criw ni oedd llais Gwyn Matthews, oedd yn rhyw synnu braidd bod yna gymaint o ddelweddau amlwg grefyddol yn nrama gudd Ionesco.

Amser byrlymus a chyffrous oedd hi ym myd y theatr yn Lloegr yn ystod y pum degau a'r chwe degau, a tho newydd o ddramodwyr yn codi ac yn ysgrifennu mewn ffordd newydd oedd yn gofyn am fath gwahanol o actor. Tueddu i ddod o'r dosbarth canol roedd actorion, ond fyddai pethau byth yn hollol yr un fath ar ôl dyfodiad yr hyn ddaeth i gael ei adnabod yn Lloegr fel y 'Kitchen Sink school of drama'. Realaeth, ac nid dihangfa, a gynigai John Osborne yn ei ddrama *Look Back in Anger*. Mae'r prif gymeriad, Jimmy Porter, yn awyddus i roi'r hyn sydd ganddo i'w gynnig i'r byd ond mae'n methu dygymod â'r ffaith nad oes neb, yn ei farn o, gan gynnwys ei wraig, yn fodlon derbyn yr hyn sydd ganddo i'w roi. Yr oeddan ni ym Mangor yr un mor ymwybodol o'r newid yma, ac o'r math newydd o actor – rhai fel Albert Finney yn *Saturday Night and Sunday Morning* (1960), Tom Courtney yn *The Loneliness of the Long Distance Runner* (1962), Richard Harris yn *This Sporting Life* (1963) ac, wrth gwrs, Richard Burton yn y fersiwn ffilm o *Look Back in Anger* (1959).

Ddaeth hi ddim fel sioc i ni felly bod Mr John Gwilym Jones wedi cyfieithu drama fwyaf dylanwadol y dydd, a'i galw'n *Cilwg yn Ôl*. Fe aethon ni ati i'w gwneud hi, a chael dau gast. John Roberts, Pen-y-groes, oedd Jimmy Porter yn ein cast ni. Roedd Mr Jones a John yn adnabod ei gilydd ers blynyddoedd a hynny'n amlwg yn y cyfeillgarwch oedd rhyngddyn nhw. John oedd yr unig un i fedru dweud wrth John Gwil yn yr ymarferion am benderfynu unwaith ac am byth i ble roeddan ni i fod i symud. Weithia mi fyddai'n mynd yn ddadl reit boeth rhwng y ddau, a ninna'n gadael y llawr a mynd i eistedd am sbel tan i bethau dawelu. Actor da oedd John ac yn cymryd rhai o'r prif rannau'n aml. Dwi bron yn sicr mai ar ei gyfer o y cyfieithodd John Gwil *Look Back in Anger*. Roedd hi'n her i roi o flaen cynulleidfa ddarlun o fywyd person yn cael ei ddirwyn fel edafedd o flaen ein llygaid ni. Mae llwyddiant y ddrama'n dibynnu ar y prif gymeriad. Diolch i'r ddau John, mi fu'r cynhyrchiad yn llwyddiant ysgubol.

Mae yna un frawddeg yn aros yn 'y nghof i. Wrth sôn am y teimlad o anobaith yn y ddrama a chael rhyw ffordd o roi pwynt drosodd i ni yn yr ymarferion, dyma Mr Jones yn dod allan efo brawddeg ac, er i mi ei darllen hi ar ôl hynny, bryd hynny y clywais hi gyntaf. Geiriau John Osborne ydyn nhw: 'Hope is too cruel to desert one utterly'. Ac meddai John Gwil: 'Dyna i chi ddyn sy'n medru trin geiriau i bwrpas.'

Yn ein cast ni, yn ogystal â John Roberts, roedd Margaret Richards, Ifan Roberts a Gareth Thomas; Helena y feistres oeddwn i. Yn yr ail gast, John Huws oedd Jimmy Porter, hefo Geraint Easter Ellis, Eirlys Davies, Glenys Jones a Gareth Thomas eto. Yn ystod cyfnod yr ymarferion bu farw Geraint o *leukemia*. Mi aeth adref i wella o'r ffliw, ond ddaeth o byth yn ôl. Hogyn poblogaidd iawn oedd Geraint ac mi adawodd fwlch mawr ar ei ôl, a hwnnw i'w deimlo am weddill ein cyfnod ni yn y coleg. Mi fu yna bendroni a thrafod ac ymgynghori â theulu Geraint yng Nghorwen, a'r penderfyniad oedd y dylan ni gario ymlaen gydag Ifan yn cymryd y rhan yn gyflawn.

Un a weithiodd yn galed i'r Gymdeithas ar gynhyrchiad ar ôl cynhyrchiad oedd Alwyn Owens o'r adran Electroneg. Y fo oedd yn gyfrifol am y goleuo, a doedd dim yn ormod ganddo i'w wneud y tu ôl i'r llenni. Unwaith eto, mi wnaethon ni fwynhau'r ymarferion a, thrwy ffawd neu lwc, mi ddigwyddodd Glenys a John, oedd yn canlyn ers tro, ofyn am gael gwneud un perfformiad efo'i gilydd. Felly y ces i wneud un perfformiad efo John Huws. A dyna'r tro cyntaf i mi roi cusan – a pheltan – i John Huws. Yr oedd mwy o'r rheiny i ddilyn dros y blynyddoedd i ddod!

Roedd John a minnau'n adnabod ein gilydd yn weddol ac wedi sgwrsio mewn cwmni ac ar ben ein hunain yn reit aml. Siarad hwyl yn amlach na pheidio yn y ffreutur, a weithiau chwarae cardiau'n griw. Ar ddydd Gwener fel arfer y bydda hynny'n digwydd. Am fy mhechodau, mi fues i'n bencampwr y gêmau 21s fwy nag unwaith. Cofio ni'n chwerthin yn fuan wedi i ni ddod yn ôl o wyliau'r Nadolig. Roedd Tomos Thomas wedi cael cerdyn, ac ar yr amlen y cyfeiriad ac enw'r pentre, Cryman, yn lle'r enw cywir, Cribyn – ond mi gyrhaeddodd! Ymhen ychydig wythnosau ar ôl y gusan a'r beltan roedd John a minnau'n 'eitem'.

Doeddan ni ddim mor benchwiban â'r argraff rydw'n ei rhoi, chwaith. Mi gefais i gan yr Adran Hanes a'r Adran Gymraeg bob cyfle i aeddfedu a bwrw iddi fel yr oeddwn i wedi bwriadu ei wneud flynyddoedd ynghynt. Mi fu'r Gymdeithas Ddrama, ac yn sicr *Cilwg yn Ôl*, yn rhyw fath o fagwrfa briodasol. Ymhen ychydig flynyddoedd, roedd Margaret ac Ifan, John a Glenys a John a fi yn briod – ac rydan ni'n dal yn briod ar ôl yr holl amser.

Yn ystod y flwyddyn olaf, blwyddyn yr ymarfer dysgu, mi symudodd Mair, Iona, Ann a fi i fyw i dŷ ym Mrynteg Terrace. Drws nesaf i ni roedd yna deulu'n cynnal eisteddfod ymysg ei gilydd o leiaf unwaith y mis a'r plant i'w clywed yn ymarfer yn braf ac yn mwynhau eu hunain. Roeddan ni'n byw yn gytûn iawn. Erbyn hyn roedd Mair a Gwynn hefyd yn 'eitem' a Gwynn yn bwriadu ceisio am y swydd Llywydd y Myfyrwyr y flwyddyn ganlynol. Swydd gyflogedig oedd hon, felly roedd y ddau allan yn canfasio'n aml. Mi gafodd Gwynn y swydd yn ddidrafferth a'r penodiad yn un poblogaidd.

I leddfu unrhyw anghydfod – neu i ddim pwrpas arbennig ond i ymlacio – mi fydda Iona'n rhoi recordiau Frank Sinatra ymlaen. Dwi'n sicr bod y casgliad cyflawn ganddi hi. Mi ddaeth *'My Way'* yn ffefryn mawr ym Mrynteg. Wn i ddim ar y ddaear pwy fedyddiodd ein tŷ ni yn Sodom! Yn amlwg, rhywun oedd yn gwybod 'i Feibl . . . Ann a fi oedd y ddwy olaf i fynd i glwydo. Nid ym mherfeddion nos o hwyr, ond y ni'n dwy gan amlaf oedd yn cael y banad ar ddiwedd y dydd. Mae'r banad a'r te bach yn dal yn bwysig i'r ddwy ohonom. Mi fyddan ni'n trafod pob math o betha – hyd yn oed cymharu sut ginio Dolig oedd yr un cyntaf i ni ei wneud erioed; y fi yn bymtheg oed ac Ann yn fengach na hynny. Y fi wedi gadael tu mewn y cyw iar i gyd yn y bag plastig a gwneud stwffin 'Paxo' i drio cuddio'r blas anghynnas oedd arno fo. Diolch byth bod Dad a fi yn mynd i de a swper i dŷ Yncl Eric ac Anti Margaret y Nadolig hwnnw!

Yn rheolaidd ar nos Sul, mi fydda Iwan, cefnder Ann, yn cyrraedd am banad o goffi. Hogyn ysgol oedd o bryd hynny ond mae o wedi ymddeol erbyn hyn. Dau arall oedd yn deulu ac yn dod acw oedd Tudur, brawd Ann, a Michael, 'y mrawd i, oedd yn y coleg ers dwy flynedd yn yr adran Electroneg, yn aros yn Neuadd Reichel ac yn rhannu ystafell efo hogyn o'r enw John. Ar sgwrs mi fydda Michael yn dweud o bryd i'w gilydd, 'Ma' brawd John wedi ennill eto' ac yn ychwanegu, 'a dim ond hogyn ifanc ydi o'. Does ryfedd yn y byd bod yr hogyn hwnnw'n ennill cymaint – fel y Prifardd Alan Llwyd, bardd y 'dwbl, dwbl' ac awdur cynifer o lyfrau a rhaglenni teledu, y bydden ni'n ei nabod ymhen blynyddoedd.

Roedd Michael yn chwaraewr pêl-droed da iawn ac yn cael ei alw'n Santos ar ôl pêl-droediwr enwog. Yn wahanol iawn i mi, roedd o'n dipyn o seren ym myd chwaraeon yn yr ysgol. Mi fydda fo a'i ffrind, Gwyrfai, yn ymarfer am oriau yn Cae Bach. Doedd ryfedd felly, pan ddechreuais i ganlyn efo John, 'i fod o a Michael wedi dod yn ffrindia'n syth ac yn mwynhau cwmni'i gilydd.

Hon oedd blwyddyn yr ymarfer dysgu ac roedd gofyn i ni gymryd pwnc ychwanegol. Drama oedd fy newis i, a dysgais wers bod yn rhaid paratoi'n drylwyr cyn gwneud unrhyw beth yn gyhoeddus. Y ddrama dan sylw i mi geisio cyfarwyddo golygfa ohoni oedd *Tobias and the Angels*. Mi ddaeth y diwrnod mawr yn gynt nag yr oeddwn i wedi'i feddwl. Dyma redeg i gasglu fy ffrindiau fel actorion a dweud wrthyn nhw am wrando a gwneud fel yr oeddwn i'n dweud ac mi fydda popeth yn iawn.

Mi ddechreuodd pethau'n o lew ond, och a gwae, doeddwn i ddim wedi dweud wrth neb bod y prif gymeriad yn ddall! Newydd ddarllen y ddrama y noson cynt oeddwn i. Mi ddysgais i wers galed y diwrnod hwnnw a wnes i byth gymryd y fath hyfrdra na chynt na wedyn.

Rhannu ystafell efo Iona oeddwn i ar y pryd, ac un noson dyma fi'n deffro a methu'n lân â chodi o ngwely. Doedd dim i'w wneud ond deffro Iona. Mi gododd hithau'n syth, taro'i chôt amdani dros 'i choban a rhedeg i'r ciosg i ffonio'r doctor. Mi ddaeth Dr Christie o fewn deng munud. Rhyw firws ar yr arennau oedd y broblem, a bu raid i mi aros adref am ryw bythefnos; bu bron i mi golli'r ymarfer dysgu'n gyfan gwbl. Ro'n i'n ffodus iawn yn yr ysgol gefais i, gydag un o garedigion y ddrama yn brifathro – Mr Gunston Jones oedd prifathro Ysgol Segontium, Caernarfon. Mi wnes i fwynhau'r tymor yno ac mi fydda i'n dal i weld rhai o'r cyn-ddisgyblion o gwmpas y lle o hyd. Fy nhiwtor i oedd W. R. Jones o'r Adran Addysg.

Ar brynhawn dydd Gwener tua diwedd y cyfnod ymarfer dysgu, mi aeth y wers y bwriadwn ei rhoi yn drafodaeth ar fywyd pobl ifanc yn gyffredinol, ac yna'n fwy penodol ar be oeddan nhw'n gobeithio'i wneud ar ôl gadael yr ysgol. Roedd y dosbarth a finna'n mwynhau'n hunain yn braf ac mi es i ryw hanner eistedd, hanner sefyll wrth y bwrdd. Dyma'r drws yn agor a W. R. Jones yn cerdded i mewn. Fedrwn i ddim cuddio'r ffaith nad y wers oeddwn i i fod i'w rhoi i'r dosbarth oedd yn mynd ymlaen. Doedd dim i'w wneud ond dal i drafod a rhyw ddeng munud o'r wers i fynd. Chwarae teg i'r plant, roeddan nhw'n sêr i gyd, ac ar y diwedd dyma W. R. yn dweud ei fod o'n falch nad oeddwn i wedi trio cuddio be oeddwn i'n ei wneud efo'r dosbarth a bod yna rywbeth i'w ddweud dros yr hen draddodiad o gael stori ar brynhawn Gwener.

Mi wibiodd y pedair blynedd yn y coleg ym Mangor heibio a daeth yr amser i wahanu, ond nid i ddatod cwlwm cyfeillgarwch. Mae hwnnw'n aros hyd heddiw.

DIHANGFA

Efallai fy mod yn teimlo nad oedd y chwe degau wedi nghyffwrdd i, ond yr oedd yna newid wedi digwydd. I ble'r aeth 'y ngobeithion i o fod yn ail Miss Williams? Mi wyddwn i ar ddechrau'r pedair blynedd yna na fedrwn i roi tro ar fy sawdl a gadael i fynd i ble mynnwn i. Aros adra oeddwn i am wneud, ond fe berswadiodd Dad fi i fyw i mewn. Dyna'r peth gorau, a'r callaf, i mi ei wneud erioed. Heblaw am wneud ffrindia oes, yno y ces i ŵr, a'm ffrind gorau i – dau am bris un – yn John. Cofiwch, mae hyd yn oed ffrindiau gorau yn ffraeo weithiau!

Y tro cyntaf i John a mi weld y tu mewn i stiwdio efo'n gilydd oedd pan aethon ni i lawr i Gaerdydd o'r coleg. Dwn i ddim sut y digwyddodd hi, ond roeddwn i'n aelod o banel cwis. Does gen i ddim cof o gwbl am y digwyddiad, heblaw mod i wedi rhyfeddu at allu Peter Hughes Griffiths i ymlacio'n llwyr o flaen y camera. Tra oeddwn i'n chwysu o nerfusrwydd, mi gafodd John gyfle i fynd o gwmpas y stiwdio i siarad hefo hwn a'r llall. Dyna pryd y soniodd John gyntaf y bydda fo'n mwynhau bod yn berfformiwr. Wnaeth o ddim defnyddio'r gair 'actor' ar y pryd, dim ond rhyw syniad annelwig o be fydda fo'n dymuno'i wneud rhyw ddydd. Y fi aeth yn ôl â cheiniog neu ddwy yn 'y mhoced o Gaerdydd y diwrnod hwnnw, ond John ddychwelodd i Fangor wedi mwynhau.

Yn achlysurol mi fydda Wilbert Lloyd Roberts yn dod i'r coleg i weld y cynyrchiadau a byddai wastad yn diolch ar y diwedd. Mi ges gynnig rhan fechan ganddo ar y teledu, yn y ddrama gyfres o nofel T. Rowland Hughes, *Chwalfa*, a mwynhau, fel yr oeddwn i'n mwynhau drama yn y Coleg. Yr hyn oedd yn wahanol oedd ein bod ni'n ymarfer yn y Felinheli gyda'r nosau am mai actorion rhan amser oedd bron pawb. Dros y Sul yng Nghaerdydd yr oedd y recordio'n digwydd. Dyna fel y buo hi am rai blynyddoedd.

Aros yn llety gwely a brecwast Emrys Cleaver a Mrs Cleaver y byddan ni bron i gyd. Yr adeg honno, roedd yn rhaid rhannu ystafelloedd gwely er mwyn cael lle i bawb. Mi fûm i'n rhannu ystafell fwy nag unwaith ar wahanol achlysuron hefo Jane Williams ac Audrey Mechell, a chael ambell i sgwrs ddifyr wedi i ni ddiffodd y golau. Ar ôl i Robin, 'yn mab ni, gael ei eni, mi fyddwn i'n mynd â fo efo mi i lawr i Gaerdydd tra byddwn i'n recordio'r gyfres *Byd a Betws* a John yn gweithio i fyny yn y gogledd. Mi fydda ffrind i Mrs Cleaver yn dod i warchod Robin.

Dwi'n siŵr i Gymru gyfan aros rywbryd neu'i gilydd yn y 'Cleaver Arms', fel y gelwid y gwesty gan rai o'r ffyddloniaid. Yno y gwnes i gyfarfod â nifer o bobl am y tro cyntaf – Marged Esli'n hogan ifanc iawn hefo'i mam, Mrs Williams; ac Annes Gruffydd yn aros yno efo'i mam hithau. Cael cyfarfod hefyd bobl nad oeddwn i wedi breuddwydio y byddwn i byth yn yr un ystafell â nhw, heb sôn am gael gwrando ar 'u sgwrs nhw. Yn yr ystafell gefn y clywais i Cynan yn llefaru peth o'i farddoniaeth 'i hun ar ôl i rywun roi perswâd arno fo, a T. H. Parry-Williams, dyn llawn hiwmor, yn adrodd nifer o straeon. Mae yna un stori rydw i'n 'i chofio fo'n ei hailadrodd – dwi'n credu mai wedi ei dweud hi ar y rhaglen *Lloffa* oedd o. Stori oedd hi am chwarelwr yn eistedd, wedi diflasu braidd, yn ei drowsus melfaréd a'i goesau'n ymestyn yn syth o'i flaen. Dyma bry bach yn dechrau cerdded yn hamddenol i fyny un rhych i'r trowsus. Edrych felly y bu'r chwarelwr ar y pry am hir yn dod i fyny ac i fyny ac, yn sydyn, mi newidiodd 'i gwrs. Dyma'r chwarelwr yn rhoi ei fys ar y pry gan ddweud 'Cadw i dy rych dy hun!' Yn llais unigryw T. H. Parry-Williams a'i ffordd o o ddweud stori, roedd hi'n ddigri iawn. Mae'n od weithiau beth sy'n aros yn y cof.

Dyma alwad yn dod un diwrnod, tra oeddwn i'n dal yn y Coleg, i fynd i weld Mr Wilbert Lloyd Roberts yn y BBC a chael rhyw fath o gyfweliad ganddo fo, fel nifer o rai eraill ar y pryd. Roedd petha ar fin newid, medda fo; amser cyffrous ar y gorwel ac angen pobl ifanc i fentro gwneud bywoliaeth fel actorion. Doedd Dad ddim yn dda, a minna'n teimlo dyletswydd – ar ôl bod ym Mangor am bedair blynedd – i beidio rhedeg i ffwrdd. Braidd yn annelwig oedd fy sefyllfa i, a doeddwn i ddim wedi fy hyfforddi'n iawn. Wyddwn i ddim byd am y grefft o actio, am y dechneg sy'n rhaid ei chael os am redeg y cwrs. Dibynnu ar 'y ngreddf yn unig roeddwn i ac ystyried actio, fel nifer o actorion eraill ar y dechrau, fel rhyw fath o ddihangfa. Heblaw am ofyn 'Sut ydach chi'n llwyddo i gofio'r holl eiriau yna?', mae'n debyg mai'r cwestiwn sy'n cael ei ofyn amlaf i actor, a'r cwestiwn anoddaf i'w ateb, ydi 'Pam aethoch chi'n actor?' Un peth wn i am nifer o berfformwyr ydi nad yr elfen 'Hei welwch chi fi' sy'n bwysig yn gymaint â 'Plîs liciwch fi'. Mae'r awydd i blesio, i gael eich derbyn fel ffefryn, yn naturiol yn gryf ymhob perfformiwr.

Rhyw hanner gwrthod y cynnig i berthyn i ddim byd penodol wnes i. I fod yn deg â Wilbert, mi enwodd *Esther* (1960) fel enghraifft o un ddrama y gellid ei gwneud a soniodd am ei obeithion i berfformio dramâu newydd yn yr Eisteddfod Genedlaethol. Yn od iawn, mi soniodd Mr Jones hefyd am *Esther* ac am y posibilrwydd o'i gwneud hi yn y coleg, ond ddaeth y cyfle ddim. O edrych yn ôl, mae'r holl beth yn ymddangos mor hurt. Cau'r drws yn llwyr neu 'i agor o led y pen ddylwn i fod wedi'i wneud. Y funud honno, ei adael o'n gilagored wnes i. Ofn oedd y rheswm. Ofn beth, wn i ddim yn hollol. Ofn methu, ella; ofn nad oeddwn i ddim yn ddigon da ac i hynny ddod yn amlwg i bawb. Ofn difaru petawn i'n cau'r drws yn glep, a dim ffordd yn ôl. Mae yna ryw ofn wedi 'nilyn i erioed.

NEWID BYD

Byth er dyddia'r cwis hwnnw – a chyn hynny, hyd yn oed – mi wyddwn i bod John yn awyddus i fynd i'r byd perfformio. Mi gafodd y cyfle i actio yn yr ysgol ac mi fydda'n sôn sut y gwnaeth Caradog Prichard, ar ôl iddo'i weld mewn cynhyrchiad ysgol o *Un Nos Ola Leuad*, ei argymell o i gynnig am le yng ngholeg drama RADA. Aeth o ddim i goleg drama, ond mi wyddwn i pan ddaeth y cynnig i weithio am gyflog – y tu ôl i'r llenni i ddechrau – ei fod o ar dân i dderbyn. Ar ôl trafod, pwyso a mesur pethau, cytuno wnaethon ni'n dau i John roi cynnig arni am dair blynedd. Doedd John ddim wedi dilyn cwrs ymarfer dysgu, a doedd ganddo fo ddim i syrthio'n ôl arno petai pethau ddim yn gweithio allan. Roedd y ddau ohonon ni'n fwy na phenderfynol i wneud i bethau weithio, ac nid dros dro yn unig. Rhyw deimlad Lady Macbethaidd oedd yno' i ar y pryd, am i ngŵr i lwyddo, doed a ddêl. Ymhen bron i ddeugain mlynedd, yn y flwyddyn 2003, mi dderbyniodd John wobr BAFTA Cymru am gyfraniad oes i'r diwydiant.

Ymhen llai na thair blynedd ar ôl gwneud y penderfyniad mawr hwnnw, cafodd John gynnig i ymuno fel un o gwmni o dri – Beryl Williams a Gaynor Morgan Rees oedd y ddwy arall – i greu cnewyllyn o actorion fydda'n mynd o le i le i berfformio dramâu dan yr enw Cwmni Theatr Cymru. Mi wireddwyd breuddwyd Wilbert ar ôl blynyddoedd o frwydro caled. Er mai bychan iawn oedd y cyflog, yr oedd yna fanteision i John dderbyn y cynnig. Un fantais oedd bod John yn aelod o'r cwmni ar y dechrau, felly fydda yna ddim cystadleuaeth am rannau. Mantais arall oedd y galla fo fagu enw iddo'i hun ac y bydda cynhyrchwyr teledu yn dod i wybod amdano.

Yn hofran yn nhir neb yr oeddwn i, yn dal â mhig i mewn ac yn ennill digon i gadw'r blaidd o'r drws. Yn fuan iawn ar ôl i

John wneud ei benderfyniad mi ddaeth yna newyddion da iawn i ni. Mi gefais i ran Marged yn y gyfres deledu *Lleifior*. Allwn i ddim coelio'n lwc – nid yn unig yn ariannol ond 'y mod i, o bawb yn y byd, yn mynd i fod yn wraig i Harri Vaughan, Lleifior, gwrthrych fy mreuddwydion yn ystod y pum degau. Yn fonws ar ben hynny, roedd yna ran i Robin fel Huw Powys, fy mab i. Mi fwynheais i bob eiliad o'r amser a Frank Lincoln fel Harri yn llenwi esgidiau fy Harri i i'r dim. Mi dreuliodd Robin a fi lot o amser yng nghwmni Frank, ac er mwyn cael Robin – oedd yn ddyflwydd oed ar y pryd – i alw Frank yn 'Dad', mi fyddwn i'n galw Frank yn 'Dadi Harri'. Mi ddaeth y ddau yn ffrindia a Robin yn gweiddi 'Dadi Harri' pryd bynnag y bydda fo'n gweld Frank. Un arall o ffefrynnau Robin ar y cynhyrchiad oedd Harold, oedd yn gweithio ar yr ochr dechnegol. Mi fydda Harold yn mynd â fo i weld hyn a'r llall o gwmpas y fferm a'r stiwdio. Pan ddaeth yr amser i'r giât ddisgyn ar draws corff Huw Powys, Harold oedd yn cyfarwyddo Robin ac yntau'n ymatch gydag arddeliad.

Yn ystod yr amser y byddwn i'n gweithio, a dim angen Robin ar y set, Mrs Rowlands – gwraig pennaeth Adran Gyllid BBC Cymru – fydda'n gofalu amdano fo. Fwy nag unwaith, mi gyrhaeddais i'r tŷ a dyna lle'r oedd Robin ar ei hyd ar y llawr yn rowlio het galed ddu Mr Rowlands o gwmpas y lle. Y *bowler* yma fydda Mr Rowlands yn ei wisgo i fynd ar fusnes y BBC i Lundain. Mi gyrhaeddais yn gynnar unwaith a dal Mr Rowlands, Robin a'r het yn chwarae ar y llawr. Nid yr un Mr Rowlands oedd o wrth drafod arian!

Cyfres tu hwnt o boblogaidd oedd *Lleifior*. Wnes i ddim llwyr sylweddoli pa mor boblogaidd oedd hi nes i mi fynd i'r Eisteddfod yn ystod yr haf, yn dilyn y darllediad ar y teledu. Mi wnes i fwynhau'r sylw yn fawr iawn, iawn, ac ambell un yn meddwl bod Frank a fi yn briod 'go iawn' ac yn amlwg yn caru'n gilydd. Teimlad braf oedd gwybod bod ein perthynas 'wneud' ni wedi bod yn llwyddiannus. Ymhen ychydig flynyddoedd bu bron i mi briodi Frank mewn cyfres arall o'r enw *Tre-sarn*, ond John briodais i yn y diwedd, a Lisabeth Miles yn priodi Frank.

1971 – blwyddyn newydd a dechrau newydd i ni fel teulu. Hon oedd blwyddyn gyntaf Rhys, ein hail fab, yn y byd. Dim ond chwech wythnos oed oedd o a ninnau'n codi pac ac i ffwrdd â ni am Gaerdydd. Doeddwn i ddim eisiau symud o gwbl, ond roedd cyfnod John yn y Cwmni Theatr wedi dod i ben ac erbyn hyn roedd o wedi cael asiant ac am wneud mwy o waith teledu. Peter Crouch oedd yr asiant, ac un arbennig o dda oedd o hefyd, hefo actorion fel Glenda Jackson ar 'i lyfrau. Mater o raid oedd hi ar y pryd i fynd yn nes at y gwaith. Pe bai yna waith yn dod o gyfeiriad Llundain, mi fyddai'n llawer haws trafaelio yno o Gaedydd nag o Fangor. Fy mai i'n llwyr oedd hi o na wnes i setlo i lawr yng Nghaerdydd. Yno dros dro yn unig oeddwn i.

Mi gawson ni groeso mawr a byw am ddeufis yn nhŷ Frank Lincoln ac Allan Cook cyn symud i Longspears Avenue. Wy potsh ar dost Allan oedd hoff frecwast Robin. Mi ddechreuodd o yn Ysgol Bryntaf a chael croeso gan y Prifathro, Mr Tom Evans, a'r staff. Un flwyddyn, mi gafodd ran y Brenin Herod yn y cyngerdd Nadolig. Rhiannon Evans oedd yn hyfforddi a Robin wedi bod yn ymarfer yn galed gartref yn y tŷ. Wrth iddo fo ddechrau, dyma yna lais bach o'r gynulleidfa yn cyd-ddweud y geiriau efo fo. Wedi rhoi cipolwg dros 'i ysgwydd, cario yn ei flaen wnaeth Robin fel y dylai pob brenin gwerth 'i halen 'i wneud. Rhys ei frawd bach, heb yn wybod i ni, oedd wedi dysgu'r geiriau wrth wrando ar Robin yn ymarfer ac wedi penderfynu gwneud deuawd ohoni!

Bum mlynedd ar hugain yn ddiweddarach, yn nrama'r Nadolig yng nghapel Pendref ym Mangor, mi gafodd Guto, y cyw melyn olaf, hefyd chwarae rhan Herod. Ar y dechrau doedd o ddim yn siŵr iawn o werth y rhan hon. Mi synhwyrodd y Parchedig John Gwilym Jones ryw anfodlonrwydd yn 'i Herod. Buan iawn y newidiodd Guto ei feddwl yn y car ar y ffordd adre wrth i Mr Jones ddweud rhan mor dda oedd hi, am 'i fod o'n cael bod yn fòs ar ei ffrindiau, Julien a Gethin – a bron pawb arall yn y ddrama hefyd. O fod yn rhan wael, daeth rhan Herod y rhan orau grewyd erioed!

Wnes i na John erioed dderbyn gwaith dros y Nadolig. Mi

gollais i ben-blwyddi lawer, mwya'r cywilydd i mi, ond amser i ni fel teulu oedd y Nadolig. Byth ers i mi glywed englyn John Gwilym Jones ar y *Talwrn* rai blynyddoedd yn ôl, mi gefais fy niffiniad i o'r Nadolig – ond fedrwn i ddim, petawn i byw i fod yn gant, fod wedi'i ddiffinio mewn pedair llinell fel hyn:

NADOLIG

Yr un dydd fu mor hir yn dod – y llofft
    yn llwyth o ddarganfod;
    Unnos undydd o syndod;
    Y tŷ'n bert, a Santa'n bod.

Dwy oedd yn dod i lawr i Gaerdydd yn achlysurol ac yn galw acw oedd Elen Roger Jones a Beryl Williams. Am fy mod i wedi fy magu ar *Rhys Lewis*, allwn i ddim cael portread Mrs Jones o Mari Lewis allan o'm meddwl. Bob tro y clywa i'r enw Mari Lewis, amdani hi yr ydw i'n meddwl, er iddi chwarae nifer fawr o gymeriadau amrywiol mewn gyrfa hir. Cafodd y ddwy ohonon ni hwyl fawr yn gweithio ar *Gwely a Brecwast*, cyfres gomedi gan Norman Williams a phedwar ohonon ni – y ni'n dwy, y diweddar Llew Thomas a hen ffrind (heb bwyslais o gwbl ar yr hen!) i John a fi ers dyddiau Coleg, Robin Griffith sy'n dad bedydd i Robin – yn cymryd y prif rannau. Mi fydda galwad arnan ni i gyrraedd Caernarfon yn blygeiniol weithiau, a finnau'n cyrraedd heb ddeffro'n iawn, a hyd yn oed heb gael paned o de ambell i fore. Mi fydda Mrs Jones wedi gyrru yn ei char o Sir Fôn ac wedi paratoi cinio i'w gŵr a chael brecwast ei hun cyn cychwyn. Dynas yr oedd gan bawb, yn ddiwahân, barch mawr tuag ati oedd Elen Roger Jones.

Mi fydda Beryl Williams yn galw'n weddol reolaidd. Actores uchel 'i pharch oedd hi ymysg ei chyd-actorion, a John a hithau wedi gweithio efo'i gilydd yn y Cwmni Theatr nifer o weithiau. Unwaith erioed y gwnaeth Beryl a fi gydweithio, a dim ond y ddwy ohonon ni oedd yn y ddrama. Tri pherfformiad yn unig wnaethon ni, a hynny yn Eisteddfod Porthmadog.

Cyfieithiad o'r Swedeg gan Mared Owen a Sirel Peensar o ddrama gan Strinberg oedd *Y Cryfaf*, a chan mai dim ond dwy ohonon ni oedd ynddi, mi ges i gyfle i weld ei ffordd unigryw hi o greu cymeriad. Welais i neb yn gweithio mor galed heb ymddangos ei bod hi'n gwneud hynny. Ar ryw bwynt yn yr ymarferion, hi *oedd* y cymeriad, ond mi barodd ymlaen felly drwy'r adeg hyd at ddiwedd y cyfnod. Ymhen yr wythnos mi ges i gerdyn trwy'r post 'yn diolch am y profiad o gael cydweithio'. Beryl yn diolch i mi am y profiad! Mi wnaethon ni sôn am gydweithio wedyn, ond ddaeth y cyfle ddim.

Yn fuan iawn ar ôl cyrraedd Caerdydd, mi ddaeth Rachel Thomas o Lanrug a finna yn ffrindiau da. Doeddan ni ddim yn adnabod ein gilydd ond i ddweud ryw helô sydyn yn yr ysgol, ond o dipyn i beth daeth Rachel yn Anti Rachel yn tŷ ni, a byddai'n galw draw yn aml. Mi fyddan ni'n cael ambell i drip i lawr i'r ddinas. Nid cerdded siopa yn gymaint â chael paned o goffi a sgwrs. Gweithio yn yr Adran Ddrama yn y BBC roedd Rachel, ond yn mae hi 'nôl yn y gogledd, fel ninna, erbyn hyn. Mae Mrs Thomas, ei mam, yn gant ac un a hanner. Mae'r hanner yna'n bwysig i'w gofio!

Daeth cynnig i John fynd i weithio fel ail bennaeth i adran ddrama HTV. Petai'r cynnig wedi dod o'r gofod fyddwn i ddim wedi cael mwy o sioc! Mi ges i nhemtio i roi perswâd ar John i'w derbyn hi, er y bydda hynny'n golygu byw yng Nghaerdydd am flynyddoedd. Cyflog da a pharhaol oedd yr apêl i mi, a pheidio gorfod dibynnu ar i'r ffôn ganu, fel y mae pob actor. Yn un peth, doedd y cynllun a'r gobaith i Peter Crouch gael gwaith i John ddim wedi dwyn ffrwyth. Nid diffyg talent oedd y rheswm, yn sicr, ond efallai ei fod o yr actor iawn ar yr amser anghywir lle roedd cael gwaith yn Lloegr yn y cwestiwn.

Felly'r oedd pethau pan ddaeth yna alwad gan Gwmni Theatr Cymru i gynnig rhan Pegi yn *Y Tad a'r Mab* i mi. Am fod John adref ar y pryd, mi neidiais i at y cyfle. Doeddwn i ddim wedi siarad efo Wilbert ers rhai blynyddoedd ac yn falch o gael y cyfle i weithio ar y llwyfan. Nesta Harris oedd yn cyfarwyddo a David Lyn, Stewart Jones, Geraint Jarman,

Margaret Prichard, Iris Jones a fi yn y cast. Mi fwynheais i'r ymarferion yn fawr. Dynas alluog oedd ddim yn cymryd pethau'n rhy barchus, ond mewn ffordd chwaethus, oedd Nesta. Mi ddwedodd wrtha i fwy nag unwaith am beidio sefyll fel taswn i'n hogan bach Ysgol Sul ac am gofio mai Pegi oeddwn i ac nid Meri Jones o'r Bala. Roedd Nesta'n ferch i weinidog, ac mi ges i'r neges. Mi gawson ni daith lwyddiannus: John Gwil wedi'i blesio a noson dda i orffen y daith yng Nghaerdydd.

Penderfynu nad oedd swydd desg yn addas iddo fo wnaeth John, a bron â methu dweud hynny rhag ofn y byddwn i'n siomedig. Doeddwn i ddim – ac mi wn na fydda John byth wedi bod yn hapus mewn siwt y tu ôl i ddesg.

Mi aeth si ar led bod y BBC yn mynd i gynhyrchu drama gyfres newydd, addasiad John Gwilym Jones o nofel Daniel Owen, *Enoc Huws*. Mi es i, ar foment o wallgofrwydd, i ofyn i George Owen y cyfarwyddwr a gawn i chwarae rhan Marged yn y gyfres. Mi ges wybod ymhen ychydig fy mod i wedi cael y rhan. Y peth cyntaf fu raid i mi ei wneud oedd mynd at ddeintydd George i gael gwneud plât gosod i'w roi ar ben fy nannedd fy hun. Wedyn mynd gyda'r adran wisgoedd i gael fy mesur am staes a gâi ei llenwi efo gwlân cotwm. Dyna dri chwarter y gwaith wedi ei wneud trosta i! Mi ges i fwy o sylw gan y wasg am mai hogan ifanc oeddwn i ac yn chwarae rhan y *boa constrictor*. Ar y pryd, doedd y math yna o gastio ddim yn digwydd. Mi fwynheais i bob eiliad ac, mae'n rhaid i mi gyfaddef, pob munud o'r sylw. Roedd hwn yn drobwynt i mi. Mi wyddwn i wedyn y byddwn i'n cael fy nhynnu at yr anghonfensiynol a'r annisgwyl.

Mi ddaeth hynny'n gynt nag a feddyliais i pan ddaeth John ar draws drama o'r enw *Alpha Beta* gan A. E. Whithead, drama gignoeth i ddau yn unig. Gŵr a gwraig yn tynnu'i gilydd yn gareiau'n eiriol ac, ar un foment fawr yn y ddrama, yn gorfforol hefyd. Albert Finney a Rachel Roberts chwaraeodd y ddwy ran yn y Royal Court yn Llundain. Un anodd i'w throsi oedd y ddrama, ond mi lwyddon ni yn y diwedd, y fi'n gwneud ychydig o'r gwaith palu a John yn cymryd drosodd wedyn. Un llinell na alla neb, mae'n siŵr gen i, ei chyfieithu oedd yr un a ddefnyddiodd y wraig wrth weld 'i gŵr yn mynd allan, yn ei meddwl hi, i hel merched: 'Mutton dressed as ram'. Alla neb chwaith anghofio llinell fel yna.

Cyd-ddigwyddiad llwyr oedd bod Wilbert wedi ffonio i ddweud gair am y portread o Marged ar y teledu a gofyn ar yr un pryd a fydda gan John a finna ddiddordeb mewn cynnig rhywbeth – bod angen 'chwistrelliad' ar y Cwmni. Ymhen ychydig mi fentron ni gynnig *Alpha Beta* iddo fo ac mi dderbyniodd Wilbert y cynnig.

Yng nghefn fy meddwl o hyd roedd y syniad yma o fynd yn ôl i'r gogledd. Hwyrach mai hwn fyddai'r cyfle gan bod Wilbert wedi agor y drws i ni. Trefn yr ymarferion oedd bod Wilbert a Grey Evans yn dod i lawr am wythnos a Grey yn cymryd drosodd cyn i ni symud i'r gogledd am y pythefnos olaf pan fyddai Wilbert yn ymuno hefo ni yn y Tabernacl. Un pwyllog oedd Grey, a da hynny. Ychydig oedd o'n ddweud, ond roedd hynny bob amser i bwrpas ac yn symud pethau yn eu blaenau heb roi gormod o bwysau ar y ddau ohonon ni. Y tro diwethaf, cyn iddo ddod i gyfarwyddo, i mi weld Grey oedd pan y gwnaethon ni ddarlleniad i gyulleidfa o wahoddedigion o ddrama Eigra Lewis Roberts am Ian Brady a Myra Hindley, hefo Margaret Esli a Gwyn Parry yn cyd-actio. Oherwydd rhesymau cyfreithiol, chawson ni ddim caniatâd i'w pherfformio hi. Ys gwn i be digwyddodd i sgript y ddrama honno?

Felly symud stondin unwaith eto, ac am Fangor â ni. Mi fyddwn i'n galw Wilbert yn Mr Roberts, fel yr oeddwn i'n galw bron pawb arall ar y pryd, neu yn sicr yn 'chi' ac nid 'ti'. Dyma Wilbert yn dod ata i a gofyn i mi pwy oedd y Mr Roberts 'ma ac i mi ei alw o yn Wilbert. Alla i ddim, medda finna. 'O, hitiwch befo,' medda fo. 'Mae'n ffrindiau gorau i i gyd yn 'y ngalw i yn Mr Roberts!' Wilbert fuo fo wedyn.

Amser anodd oedd yr ymarferion, yn arbennig tua'r diwedd, a ninnau ynghanol yr holl emosiynau amrwd yna. Unwaith o fewn cyfnod o ymarfer mae'n fwy na phosibl i gyrraedd pwynt pryd y mae'r cymeriad yn cymryd drosodd. Rhan o grefft yr actor ydi dal hwnnw wedyn yn berfformiad o dan reolaeth. Un prynhawn, mi aeth Mrs Elliot a fi yn un a dyma'r llifddorau'n agor – fedrwn i ddim stopio crio. Cerdded i ben draw'r stafell wnaeth John, a Wilbert yn rhoi'i freichiau amdana i. Dyma John yn cerdded allan wedyn a gadael i mi gael fy sgwrs breifat hefo nghyfarwyddwr.

Dyna'n union fydda John wedi'i wneud fel actor mewn unrhyw sefyllfa debyg. Yn yr ymarferion, dau actor ydan ni, nid gŵr a gwraig. Dydw i erioed wedi meddwl amdanaf fy hun fel Mrs Ogwen; fel Mrs Hughes, do, ond dydi'r Ogwen yn perthyn dim i mi.

Mi gawson ni dderbyniad gwresog, a rhai yn cymryd *Alpha Beta* fel trobwynt yn hanes y ddrama Gymraeg. Er bod awydd cryf gan ambell un yn y gorfforaeth i wneud telediad ohoni, y penderfyniad oedd nad oedd y ddrama'n addas i'r cyfnod hwnnw ym myd teledu Cymraeg. Ond fe wnaed recordiad radio ac, yn ôl Dafydd Huw Williams y cynhyrchydd, chafwyd yr un gŵyn am y ddrama.

Mi gawson ni wadd i ail-godi *Alpha Beta* a'i pherfformio hi yn Theatr Gwynedd – y ddrama Gymraeg gyntaf i gael ei pherfformio yn y theatr honno. Yn union fel y byddai John Gwilym Jones erstalwm o'r golwg ar ochr y llwyfan, mae yna ddarlun yn 'y meddwl i o Lyn Jones, rheolwr y theatr, ac un o sylfaenwyr diweddar y Theatr Genedlaethol, nid yn cnoi'i hances boced fel y bydda Mr Jones yn 'i wneud, ond yn edrych â gwên ar ei wyneb ac yn dal tusw o flodau yn ei law. Gan ei bod hi'n noson olaf, John oedd yn mynd i roi'r blodau i mi ar ddiwedd y perfformiad. Roedd yna ddeigryn yn llygaid y ddau ohonon ni ar ôl yr holl wythnosau o dynnu Mr a Mrs Elliot yn gareiau.

Am ein bod ni wedi penderfynu symud yn ôl i'r gogledd doed a ddêl, mi aethon ni i Ddinas Powys dros dro. Roeddan ni wedi bod yn byw bron i bum mlynedd yn y brifddinas ac wedi bod yn lwcus iawn yn ein cymdogion. Roedd Mr a Mrs Lawrence drws nesaf i ni yn gwpwl mewn oed hynod o glòs. Mi fuo Mrs Lawrence farw o afiechyd a Mr Lawrence o dorcalon o fewn yr wythnos, a'r ddau'n cael eu claddu yr un diwrnod ychydig fisoedd yn unig cyn i ni symud. Roedd mam a thad Rhoswen Deiniol yn byw dros y ffordd i ni, a Rhys wedi bod yno lawer tro yn cael ei warchod. Yn y stryd agosaf i ni yr oedd Mrs Cuthbird yn byw. Roedd hi wedi bod yn wrthwynebydd cydwybodol yn ystod y rhyfel ac yn dadlau achos rhai o'i chyd-wrthwynebwyr yn y cwrt. Saesnes oedd hi, yn Grynwraig, ac yn athrawes wrth reddf. Mi fyddai Robin yn mynd yno'n aml ac mae o'n dal i ddweud y dylai pawb gael 'Mrs Cuthbird' rywbryd yn 'i fywyd.

Yr unig beth o werth wnes i yng Nghaerdydd oedd ymuno â dosbarth nos athroniaeth Dr Meredydd Evans. Ymysg ein criw ni yr oedd Raymond Edwards, Dr Dafydd Huws, Mair Saunders Jones a Siwan Jones. Unwaith eto, mwynhau gwrando fyddwn i, a chael llawer iawn o bleser wrth wneud hynny. I mi, a llawer un arall, Merêd a Phyllis Kinney ddylai fod yn dywysog a thywysoges Cymru.

Tra oeddan ni'n teithio *Alpha Beta* mi fu Robin a Rhys yn aros yn Neiniolen ac yn mynd i'r ysgol yno. Y syniad oedd y bydden nhw'n aros yno am dymor tra bod John a finna'n cael y tŷ newydd yn barod. Mi arhoson ni am ryw chwech wythnos a'r hogia'n dal i fynd i'r ysgol yno hyd ddiwedd y tymor. Fyddwn i ddim wedi gallu cario ymlaen fel actor heblaw bod gan yr hogia nain mor ffeind oedd byth yn dweud 'na' wrth y gwarchod. Doedd yna neb tebyg iddi am wneud *mince pies* a theisen Nadolig. Mi fydda'u nain yn gofyn o bryd i'w gilydd pryd yr oedd y sesiwn nesaf o warchod i fod ac Yncl Wyn, er dweud a dweud wrtho fo am beidio, byth yn dod draw yn waglaw.

DOD ADREF

Y rheswm pam y symudon ni'n ôl adra yn y diwedd oedd bod John wedi derbyn swydd fel darlithydd ymarferol mewn drama. Erbyn hyn roedd mam a tad John wedi marw: Nain Sling pan oedd Robin ond ychydig fisoedd oed. Mi fyddai wedi gwirioni ar yr hogia, a Taid hefyd, er na fydda fo ddim yn fodlon dangos hynny'n rhy amlwg. Mi ddois yn hoff iawn o'r ddau ar unwaith a chael croeso mawr ar yr aelwyd ac yn y pentre. Doedd o'n bentre mor fychan a phawb yn nabod 'i gilydd? Efaill John ydi Mary. Mi fydda wedi bod yn braf petaen ni fel teulu a Mary, Dilwyn a'r genod – Catherine, Luned, Bethan a Lisa – wedi bachu mwy ar y cyfle ynghanol prysurdeb bywyd i gyfarfod yn amlach. Mae'r amser wedi hedeg i rywle a finna heb ddod i adnabod Meurig a Malcolm fel y dylwn i hyd yn oed. Ond dyna ydi bywyd. Mynd a dod, a rhuthr gwyllt.

Yn ystod haf 1976, mi fuo John yn y canolbarth yn ffilmio *Hawkmoor* ond mi gawson ni fel teulu gyfle i fynd i Baris yn ystod gwyliau'r Pasg, a mwynhau. Dyna un peth na ddaw amser ag o yn ôl i mi, y cyfle i fynd a theithio ychydig ar wyliau pan oedd Robin a Rhys yn fychan. Wnaethon ni mo hynny, mwya'r piti. Erbyn geni Guto, roedd petha wedi setlo i lawr a ninna'n mynd ar wyliau'n amlach.

Yr un lle yr oedd yn rhaid mynd iddo ym Mharis, wrth gwrs, oedd Tŵr Eiffel. Mi fuon ni'n lwcus a chael mynd i ben y tŵr ar ddiwrnod hynod o braf. Ifanc iawn oedd Rhys ar y pryd, ac wrth weld y fath olygfa o'i flaen – yn dai, eglwysi a thyrau'n diflannu am y gorwel pell – dyma fo'n troi a dweud: 'Mam, mi wyt ti'n medru gweld y byd i gyd o fama – lle ma' Fangor?'

Am fod John yn gweithio yn y coleg mewn swydd barhaol, ac yn mwynhau hynny, mi dderbyniais i waith mewn cyfres gomedi newydd o waith dau awdur enwog iawn erbyn hyn, sef

Michael Povey a John Boots (John Pierce Jones). Cast canolog bychan oedd yna i *Glas y Dorlan*: Islwyn Morris, Stewart Jones, Sharon Morgan, y bardd o ganwr Geraint Jarman, Robin Griffith a fi. Mi fydda actorion eraill – yn eu plith Emyr Edwards, J. O. Roberts, Marged Esli a'r anfarwol Dewi Pws – yn ymuno â ni am ryw bennod neu ddwy. Pan ddaeth Dewi aton ni mi gawson ni lond stiwdio i'w weld o'n ymarfer! Hwyl oedd o i gyd, ac ar ôl drama fel *Alpha Beta* roeddwn i'n falch iawn o gael rhan mewn comedi.

Er i mi aros efo ffrindiau, am yn ail yn fflat Rachel ac yn nhŷ Iona, Gareth, Huw, Siwan a Sioned, yn Heathwood Road – a chael croeso mawr yno – mi fyddwn i'n hiraethu. Pan oeddwn i i ffwrdd, yn 'Aberystwyth' y byddwn i bob tro, am ein bod ni wedi bod yno a darlun byw gan yr hogia o'r lle hwnnw yn eu meddyliau. Yn fy meddwl innau, am i'r hogia gael ryw sicrwydd bod Mam yn iawn oeddwn i. Mi fydda'n golygu fy mod i i ffwrdd am fis neu chwech wythnos ar y tro yn recordio cyfres gyfan a chael dod adref ryw deirgwaith yn ystod y cyfnod hwnnw.

Ar ôl gwneud dwy gyfres o *Glas y Dorlan*, mi benderfynais beidio â gwneud trydydd un. Mi aethon nhw ymlaen i wneud pum cyfres, os cofia i'n iawn, a Sue Roderick oedd yn chwarae rhan Rosi Roberts wedyn. Wnes i fawr ddim gwaith teledu am rai blynyddoedd wedi hynny ond mi wnes i waith llwyfan, sy ond yn golygu bod i ffwrdd am ddau, dri, bedwar diwrnod – yn sicr ddim mwy na phum diwrnod – ar y tro. Un ddrama wnes i fwynhau ei gwneud oedd *Congrinero'r Gorllewin,* cyfieithiad y diweddar Gruffudd Parry o *Playboy of the Western World* gan y dramodydd Gwyddelig E. J. M. Synge. Pete Edwards oedd yn cyfarwyddo, a Dyfed Thomas a Bethan Jones oedd y ddau brif gymeriad hefo finna'n chwarae rhan y weddw Quinn. Mi wnaethon ni beth o'r ffilmio ar leoliad yn Sir Benfro, os cofia i'n iawn. Unwaith eto, chwarae cymeriad cryf oeddwn i, a digon o siawns i gael 'y nannedd i mewn i'r rhan.

Ers i mi wneud y ffilm honno bedair blynedd ar hugain yn ôl, mae Iwerddon wedi dod i olygu mwy a mwy i John a mi.

Bob blwyddyn ers deunaw mlynedd mae yna edrych ymlaen at fynd. Mi fu Guto'n dod am gyfnod, cyn iddo gael ei dynnu at y goleuadau llachar, ond dydi o ddim wedi troi cefn am byth chwaith, medda fo. Mynd i'r un lle y byddwn ni bob blwyddyn gan aros yng ngwesty teuluol Paraic, Mary Seamus a Michael Cloherty yn Connemara, a chael croeso tywysogaidd yno. Yn ddieithriad bydd Patricia, sydd bellach yn gofalu am y gwesty, yno i'n croesawu ni ac yn dweud yr un frawddeg agoriadol – bod yr ystafell yn barod i ni eto'r flwyddyn hon. Yr hyn a'm trawodd i y troeon cyntaf i ni fynd yno oedd 'u bod nhw'n siarad am fynd i America fel y byddwn i'n siarad am fynd i Gaer. Roedd rhai wedi bod draw yn Boston nifer o weithiau, ond heb fod yn Nulyn!

Roeddwn innau'n un ar hugain oed cyn mynd i fyny'r Wyddfa erstalwm a hynny mewn tryc, er mwyn gweithio ar y copa un haf. Ann Dwynwen a fi yn gwneud te a gwerthu nwyddau a finna o dipyn i beth yn dod yn eitha da am wneud syms yn 'y mhen. Ond mi fyddwn i'n mynnu bod y cwsmeriaid yn edrych yn fanwl ar y newid. Profiad od oedd cerdded allan o'r caffi ambell i ddiwrnod a chael fy hun yn llygad yr haul uwchben y cymylau a meddwl sut deimlad fydda fo i neidio i'w canol nhw. Roeddan nhw'n union fel llwythi o wlân cotwm claerwyn.

Y peth gorau i mi ynghylch mynd i Iwerddon yw'r llonydd a gaf i gerdded a gwneud dim arall ond darllen cyn cael pryd o fwyd blasus ar ddiwedd y dydd. Dyna'r oll sydd arna i ei angen ar wyliau. Mae hynny'n sicr i'w gael yn Connemara. Rai blynyddoedd yn ôl, mi ddaeth Richard John, ein hŵyr bach ni, yno hefo ni a mwynhau ei hun yn chwarae gêmau bwrdd a mynd am dro. Wrth fynd yn y car ryw brynhawn dyma fo'n dechrau cyfri'r murddunod sy'n britho'r ardal ac yn methu â deall pam bod y tai yn disgyn i lawr. Dyma ni'n dod at fynwent oedd yn digwydd bod yn fwy na'r cyffredin. Dyna'r ateb, medda fo, pam bod yna gymaint o furddunod o gwmpas – roedd y bobl i gyd wedi symyd i fyw i'r fynwent.

Rhai da am achub ar bob cyfle i ddenu twristiaid ydy'r

Gwyddelod – a pham lai? Mi gredech, wrth wrando arnyn nhw, bod yna ryw ddigwyddiad hanesyddol neu ryw berson enwog wedi bod ynghlwm wrth bob coeden yn y lle bron! Ond un o'u cryfderau nhw ydi'r gallu i chwerthin am eu penna'u hunain a, rhyw flwyddyn, wrth ddod at gyrion Connemara mi welson ni'r arwydd hwn: *Welcome to Murphy's Bar, where absolutely nothing happened!* Mi fyddai Rhydderch Jones yn dweud stori am ffrind o Wyddel iddo fo yn gweithio yn y byd darlledu ac wedi trefnu i gyfarfod Rhydderch ar ryw amser arbennig. Mi aeth awr heibio a Rhydderch yn dal i aros yn y gwesty am ei ffrind. O'r diwedd mi gyrhaeddodd, a dyma Rhydderch yn gofyn oedd o'n sylweddoli pa mor hwyr oedd hi? Yr ateb gafodd o gyda gwên oedd mai Duw greodd amser, a'i fod wedi creu digonedd ohono fo! Mae yna gynhesrwydd a'r awch i fwynhau bywyd yn perthyn iddyn nhw. Hwnnw, yn anad dim, fyddwn i'n hoffi'i gostrelu a dod â fo adref efo mi.

Mi ddaeth tro ar fyd eto a John yn derbyn cynnig Wilbert Lloyd Roberts i fynd yn ôl i weithio i Gwmni Theatr Cymru fel golygydd scriptiau ac actor. Derbyn y cynnig wnaeth John gan 'i fod o am gael y cyfle i wneud y ddau beth; roedd yna fwy o apêl yn hynny na swydd y tu ôl i ddesg yn unig. Dwi'n argyhoeddiedig bod yna ryw ysbryd anniddig ymhob actor a bod hynny'n gwneud unrhyw newid yn haws dygymod ag o.

Ychydig cyn hynny, roeddan ni wedi cael cyfle i berfformio chwe drama mewn un noson. Benthyg y syniad gan y Saeson wnaethon ni. Dramâu byrion oeddan nhw, ychydig dros ddeng munud o hyd yr un, gan chwe awdur gwahanol: Eigra Lewis Roberts, Jane Edwards, Gwenlyn Parry, Gwyn Thomas, Wil Lewis a Bernard Evans. Mi gawson ni ddramâu amrywiol, o'r digri i'r difri, ac mi aethon ni ar daith o gwmpas neuaddau pentref. Yn hytrach na rhoi drama fechan i ni, yr hyn ofynnodd Gwenlyn i ni ei wneud oedd perfformio un olygfa o *Saer Doliau*. Roeddan ni i ddechrau yn ôl y sgript ond, ar ryw fan arbennig, ro'n i'n cymryd arnaf ran y saer a John ran y ddynas – ond ein bod ni'n dal fel dyn a dynes. Fe weithiodd – a chan bod y gynulleidfa'n gyfarwydd â'r ddrama, mi ddaeth yn destun trafod yn ystod y sgwrs, oedd wedi ei threfnu ar ddiwedd y noson yng Nghaerdydd. Er na chyfrannodd Gwenlyn fawr ddim at y drafodaeth, roedd y ffaith ei fod yno yn golygu llawer i John a fi.

Pan ddaeth yr Eisteddfod Genedlaethol yr haf hwnnw i Wrecsam mi gawson ni wahoddiad i fynd i gael swper efo Gwenlyn. Mi ofynnodd ar ganol sgwrs sut y byddan ni'n teimlo petaen ni'n heneiddio fesul act mewn drama dair act. Dyna'r oll ddywedodd o am ddrama am weddill y noson. Mi wnaeth o un sylw, sef 'i fod o'n credu bod yna ryw 'chemistry' rhwng John a finna fel actorion ac y bydda hwnnw yno hyd yn oed petaen ni ddim yn ŵr a gwraig. Dyna'r tro cyntaf i unrhyw un wneud sylw fel yna.

Ymhen ychydig fisoedd roeddan ni'n gwybod mai John a fi oedd yn mynd i berfformio yn nrama gomisiwn yn Eisteddfod Genedlaethol yng Nghaerdydd 1978, ac mai yn y Theatr Newydd y cynhelid hi.

Y TŴR AC WEDYN

Darllen y ddrama ar wahân wnaethon ni – y fi'n cael copi yng Nghaerdydd a John i fyny ym Mangor – a'r ddau ohonon ni'n bendant bod yna rywbeth gwerth chweil yn ein dwylo ni. Ofynnais i ddim i John beth ddaeth i'w feddwl o gyntaf, ond meddwl amdana i fy hun wnes i. Meddwl amdana i'n cael y ffasiwn gyfle i brofi rhywbeth, i mi fy hun i ddechrau, ac i ddangos be fedrwn i ei wneud fel actores. Cael siawns i fod yn ifanc, yn ganol oed ac yn hen o fewn dwy awr ar y llwyfan. Mi daflais y sgript i fyny i'r awyr mewn cyffro, a'r tudalennau'n mynd i bobman! Ar ôl cael trefn arnyn nhw, mi rois y ddrama o'r neilltu. Wnes i mo'i darllen hi wedyn am ddeuddydd, dim ond edrych ar y dudalen flaen bob hyn a hyn a darllen:

Y Tŵr
Gwenlyn Parry

Roeddwn i am ddal ar y teimlad yna o fod yn yr uchelfannau. Yr un teimlad oedd o â'r un fyddwn i'n 'i gael wrth agor bocs anrhegion Anti Dilys ar fore Dolig erstalwm. Wedi i mi ddarllen y sgript mi ddaeth yr hen deimlad arall yna i'm llethu, y teimlad o ofn. Ofn pob math o bethau. Fyddwn i'n gallu chwarae rhan oedd yn gofyn am ynni corfforol a meddyliol tu hwnt i ddim yr oeddwn i wedi ei wneud o'r blaen? Mae'n wir bod *Alpha Beta*, *Dau Werth Chwech* a rhan Marged yn *Enoc Huws* wedi rhoi i mi ryw gymaint o hyder fel perfformiwr a bod Gwenlyn wedi gweld y perfformiadau hynny.

Ym Mangor yr oeddan ni'n ymarfer a David Lyn yn cynhyrchu. Wilbert oedd i fod i wneud, fel y bu'n cynhyrchu'r dramâu comisiwn yn y gorffennol, ond mi gafodd ei daro'n wael, a chan 'i fod o a David wedi cydweithio yn y gorffennol

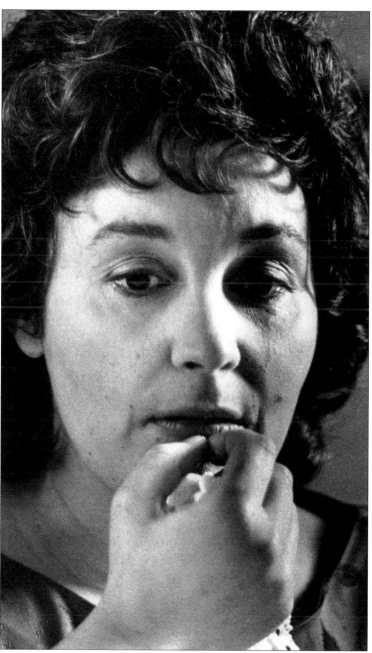

Unigrwydd Bet, *Tywyll Heno*.

Alpha Beta.

Y Gelli Geirios, cyfieithiad yr Athro Gareth Jones o ddrama Rwsieg Chekhov.

Dechrau S4C, a chyfle i ni'n dau weithio gyda'n gilydd: *Tra bo Rugarug yn nythu*; *Y Wers Nofio*; *Ha Bach Mihangel*; Teyrnged i Saunders Lewis.

Y Tŵr – tair act
cynhyrchiad 1978 a
chynhyrchiad diegwyl
canol y '90au.

Teyrnged i Caradog Prichard.

Plas Dafydd: J. O. Roberts, Dewi
Rhys, Alun Elidyr, Gari Williams,
Noel Williams, Mari Emlyn, a fi.

Yr Anavskaya – *Y Gelli Geirios*.

Marga, *Cysgodion Gdansk*.

Edwin ac Alys: *Lle Mynno'r Gwynt*.

Huw Ceredig a fi – *Hywel A.*

ar ddramâu Gwenlyn, *Y Ffin* a *Saer Doliau*, roeddan ni mewn dwylo diogel.

O'r cychwyn cyntaf mi wnes i fwynhau gweithio efo David – yn fwy felly na John. I mi, oedd angen ysgwydd i bwyso arni bob cam o'r ffordd, allwn ddim bod wedi cael gwell cyfarwyddwr. Pan fyddwn i'n or-hapus ar ôl gweld bod rhyw ddernyn arbennig yn disgyn i'w le, yna mi fydda David fel hogyn bach yn falch drosta i. Pan fyddwn i'n cwyno mod i wedi blino, y fo fydda yno'n fy annog i ymlaen. Tebyg iawn i ymadrodd Jane Fonda ar 'i fideo cadw'n heini – '*go for the burn*'! Y fo oedd yn iawn; mae 'na wastad ychydig bach mwy o ynni ar ôl.

Dweud dim fydda John ar yr adegau hynny ond, weithiau, mi fydda yna anghytuno rhwng y ddau actor a David yn gwneud yn siŵr bod y broblem wedi cael ei datrys cyn nos. Dim am i John a finnau fynd adref â rhyw gwmwl tros ein pennau ni oedd o. Er ein bod ni ar wahân fel actorion yn yr ystafell ymarfer, mi fyddan ni'n gadael y lle fel gŵr a gwraig. Un gymwynas fawr wnaeth David â ni erbyn diwedd yr ymarferion oedd magu ynon ni'n dau yr hyder ein bod ni'n barod i wynebu cynulleidfa.

Dyma'r noson gynta'n cyrraedd. Er mwyn hyn y gwnaethon ni'r gwaith caled i gyd. Y tu ôl i'r llwyfan, David oedd y mwya digynnwrf ohonon ni i gyd – yn ymddangosiadol felly beth bynnag. Wnaeth o ddim byd mwy nag edrych ar ddillad a gwalltiau'r ddau ohonon ni a dweud pa mor dda oeddan ni'n edrych. Roedd arna i ofn; ofn anghofio'r geiriau, ofn baglu, ofn tisian hyd yn oed. Doedd tisian erioed wedi dod i'm meddwl i o'r blaen – welais erioed neb yn tisian ar y llwyfan! Mi ddaeth Gwenlyn i'r cefn i ddymuno'n dda i ni: ysgwyd llaw a rhyw sgwd bach i John a gafael amdana i a chlamp o gusan i mi. Erbyn hyn roeddwn i wedi dechrau meddwl am y geiriau a dim ond amdanyn nhw. Ers blynyddoedd, doeddwn i ddim wedi meddwl am eiriau mewn drama dim ond fel rhan o'r perfformiad cyfan. Y geiriau a'r symudiadau'n cyd-fynd, ond nid fel dau beth ar wahân. Dyma fi'n dweud wrth Gwenlyn mod i ofn anghofio ngeiriau. Dweud wrtha i am beidio poeni wnaeth o, ei fod o'n gwybod y sgript, a phe bawn i'n anghofio, y dylwn i gerdded reit i flaen y llwyfan. Mi fydda ynta wedyn yn codi o'i sedd ac yn gweiddi'r geiriau allan. Fydda neb yn cynhyrfu dim, medda Gwenlyn, dim ond meddwl mai un arall o ddramâu od Gwenlyn Parry oedd hon eto. Chwerthin wnes i, ac ynta hefyd. Roedd o'n yn gwybod yn iawn bod yna fil a hanner o bobl allan yn y theatr yn disgwyl yn eiddgar am ddrama newydd gan Gwenlyn Parry.

Wrth i John a minna gerdded ar wahân o'n hystafelloedd gwisgo, un bob ochr i'r llwyfan, y peth olaf ddywedodd David Lyn wrtha i oedd, 'Ti'n edrych yn *stunning'*. Petawn i'n edrych fel brych y gors, dyna'r union eiriau oeddwn i am eu clywed ar y funud honno. Mi allwn i weld John yn aflonydd yn y cysgodion ac yn rhyw gerdded yn ôl ac ymlaen. Y Fenyw oedd y gyntaf ar y llwyfan ac yna'r Gwryw yn dilyn; pan drois i ac edrych ar John mi fedrwn i weld bod yna rywbeth o'i le. Yn un peth, yn hollol groes i'r arfer, ddaeth 'na'r un llinell o geg y Gwryw. Mae'n debyg mai mater o eiliadau oedd hi mewn gwirionedd, ond roedd yn ymddangos yn hir iawn ar y llwyfan. Mi ddaeth y llinell allan ac ymlaen â ni hyd at y diwedd. Fel y mae John wedi dweud ei hun, roedd o ar un foment yn meddwl y bydda'n rhaid iddo fo droi at y gynulleidfa ac ymddiheuro am fethu cario yn 'i flaen am fod y geiriau wedi diflannu. Diolch byth nad oeddwn i'n gwybod dim am hynny ar y pryd neu mi fyddwn i wedi taflu i fyny ar y llwyfan o flaen pawb!

Wrth i'r ddau ohonon ni ddod ar y llwyfan ar ddechrau'r drydedd act fel yr hen ŵr a'r hen wraig, roeddan ni'n gallu clywed a theimlo'r gynulleidfa'n cymryd 'i gwynt wrth weld y ffasiwn newid ynon ni. Ar y diwedd, wrth edrych allan a gweld môr o wynebau o 'mlaen i a chlywed y gymeradwyaeth, dyma pryd, yng ngeiriau'r ddrama, y 'dechreuais i grynu i gyd'. Mi drysorith John a finna'r profiad yna tra byddan ni byw.

Cyn pen blwyddyn mi wnaethon ni delediad o *Y Twr*, gyda'r diweddar Merfyn Owen yn cynhyrchu. Dyna'r ddrama gyntaf i gael ei recordio yn stiwdio fawr y BBC yng Nghaerdydd. Mi weithiodd ond, fel y dwedodd Merfyn, y sefyllfa ddelfrydol fydda bod yna fwy o amser wedi mynd heibio rhwng y cynhyrchiad llwyfan a'r telediad. Mi fyddwn wedi hoffi cael cyfle i weithio eto efo Merfyn.

Un prynhawn yn ystod y flwyddyn wedi i ni berfformio *Y Tŵr*, a minnau'n digwydd bod yn y BBC, mi alwodd Gwenlyn fi i mewn i'w swyddfa. Sôn wnaeth o am ddrama i dri, un ferch a dau ddyn, gŵr a gwraig a ffrind. Cariad y wraig, i bob pwrpas, oedd y ffrind ond y diwedd fydda mai cariad y gŵr fyddai o. Dyna'r ddrama newydd oedd ar y gweill gan Gwenlyn, a'i theitl oedd *Y Stôl Drithroed*. Mi fydda hi wedi bod yn un feiddgar iawn yn niwedd y saith degau, ond soniodd o erioed wrtha i am y ddrama honno ar ôl y diwrnod hwnnw.

Petai rhywun wedi dweud wrth John a finna y byddan ni'n dau'n atgyfodi *Y Tŵr* yn y naw degau, fyddan ni byth bythoedd wedi coelio'r peth, ond dyna ddigwyddodd. Gweld tâp o'r recordiad teledu ymysg nifer o dapiau eraill wnaeth Helena Kaut-Hausen a'n gwahodd ni i fynd i'w gweld hi. Er ein bod ni flynyddoedd yn hŷn erbyn hynny, roedd ganddi hi syniadau ac roedd yn awyddus i wneud cynhyrchiad newydd o'r ddrama. Mi fu raid iddi adael y swydd a ninnau ond megis dechrau, ac fe gymerodd Graham Laker o Theatr Gwynedd y syniad drosodd.

I fod yn onest, cael fy mherswadio gan John i ailgyfodi *Y Tŵr* wnes i. Ar ôl yr holl flynyddoedd, roedd y cynhyrchiad yna 'nôl yn 1978 yn dal yn fyw yn 'y nghof i ac yno i aros dan glo. Yr her roddodd Graham i ni wnaeth i mi newid fy meddwl. Y syniad oedd perfformio'r tair act heb egwyl. Dyna wnaethon ni, ar ôl tocio ychydig ar y ddrama. Er na chefais i'r un wefr ag a gefais i yn 1978 – mi fydda hynny wedi bod yn amhosibl – yr hyn oedd yn arbennig i mi oedd cael perfformio i genhedlaeth newydd o bobl ifanc. Yn ddiweddar mi ddaeth John adref ar ôl bod yn recordio rhaglen radio a dweud bod un actor wedi awgrymu y byddai'n syniad da i ni ei gwneud hi unwaith eto! Yn 1978 mi anfonodd Elis Gwyn gartŵn wedi ei dorri allan o'r cylchgrawn *Punch* i ni: llun o risiau'n mynd i fyny ac i fyny, a dyn a dynes ar waelod y grisiau'n edrych i fyny ac un yn troi at y llall a dweud, *'I don't care what's up there – I'm not going!'*

99

1979

Ar ddechrau'r flwyddyn roedd sôn mawr am y refferendwm oedd ar y gorwel dros gael Cynulliad i Gymru; roedd Cwmni Theatr Cymru'n perfformio *Esther* ac wedi dechrau ymarfer. Y cast oedd Glyn Pensarn, John, Stewart Jones, Cefin Roberts a finna. Y cyfarwyddwr unwaith eto oedd David Lyn. Penderfyniad David oedd i ni fod yn Iddewon yn perfformio'r ddrama ar ŵyl y 'Purum' pryd mae'r Iddewon yn dathlu bod y Frenhines Esther wedi eu hachub nhw fel cenedl. Esther wahanol oeddwn i ar y llwyfan i'r llun ohona i ar y poster. Dillad carpiog oedd ganddon ni i gyd, ac actorion dan hyfforddiant y Cwmni yn cymryd rhan fel y cyd-garcharorion. Fe wnaeth David y cynhyrchiad yn un *ensemble* lle'r oedd pawb yn cyfrif. Doeddwn i ddim yn teimlo mod i'n chwarae'r brif ran, dim ond yn un o dîm. Glyn oedd yn chwarae rhan Mordecai, ewythr Esther. Dwi'n credu i ni greu perthynas gynnes, a Glyn yn gadarn fel craig â blynyddoedd lawer o brofiad y tu ôl iddo fo. Dyma'r tro cyntaf i mi weithio efo Cefin Roberts, ond ro'n i'n gwybod amdano ac yn gwybod hefyd bod gan Wilbert feddwl uchel ohono. Mi feddyliodd David y bydda fo'n torri rhyw linell neu ddwy o'r ddrama, ond ailfeddwl wnaeth o yn y diwedd. Pan soniodd David i ddechrau am ei syniad, dyma Alwyn Evans (Al Evs) yn dweud yn syth, 'O, rhyw fath o "Estherectomy", ti'n feddwl?'!

Un araith fyddwn i'n edrych ymlaen at ei dweud bob nos oedd edrych i lawr ar y dyn cryf yma, Haman (Stewart Jones) a bron chwydu'r ddau enw cyntaf allan:

> Haman yr Agagiad, un drwg wyt ti. Ond mae d'yrfa di heno'n darfod. Mi fentraist dy ddwrn yn erbyn yr Hollalluog, yn erbyn Duw Israel. Mi drefnaist i ddileu'r

genedl etholedig, y genedl sy'n rhan o gynllun y greadigaeth ... O'r ffynnon fechan mi darddodd afon fawr, ac mi'th foddir dithau, ti a'th holl feibion, yn y llifeiriant. Gwae di Haman, gwae di dy eni!

Erbyn heddiw, a ninnau wedi cael Cynulliad a gobaith am gael mwy eto allan ohono fo, mae meddwl yn ôl am *Esther* a 1979 braidd yn sentimental, efallai. Diwrnod y canlyniad oedd hi, a Wil Owen ac Alun Evans yn llywio'r rhaglen radio. Roeddan ni'n perfformio *Esther* ar y diwrnod hwnnw a llais Wil yn dweud am ganlyniad Gwynedd a'r canlyniad terfynol yn fwy trychinebus nag yr oedd neb wedi'i ddychmygu. Roedd perfformio'r ddrama yn golygu llawer mwy i mi ar ôl hynny.

Mi gofia i un perfformiad, yn Theatr y Werin, Aberystwyth, a dim ond Glyn Pensarn a finna ar y llwyfan yn sgwrsio'n glòs. Yntau'n ceisio perswadio'r Frenhines i fynd i mewn at y brenin. Fel yr oeddwn i'n hanner camu oddi wrth Glyn dyma sŵn rhywbeth yn disgyn ar y llwyfan. Mi drois i edrych a dyna lle'r oedd y darn gwydr trwchus yna sydd ar flaen y lampau goleuo wedi disgyn yn union lle'r oeddwn i'n sefyll funud ynghynt. Mae'r lwmpyn gwydr gen i byth ac wedi'i naddu iddo fo gan yr hogia oedd yn gweithio ar y cynhyrchiad mae'r geiriau hyn allan o'r ddrama:

Hen, hen, gas
Hen, hen, ddial

Mi gawson ni theatrau llawn – a bu raid dod â seddi i mewn i safle'r gerddorfa, hyd yn oed, yn Theatr Clwyd. Mi fu Mr Pollecoff, o deulu Iddewig enwog ym Mangor, yn sgwrsio efo ni a dod i weld perfformiad o'r ddrama. Mi ges i focs bychan ganddo fo; tri gair o ddiolch ac anrheg.

Tro Caernarfon oedd hi i gynnal yr Eisteddfod Genedlaethol unwaith eto yn 1979 a John yn cyfarwyddo'i ddrama gyntaf i'r Cwmni Theatr Genedlaethol, sef *Hywel A*, y gyntaf o dair drama gan Huw Roberts i ni eu perfformio efo'r Cwmni. Ffars oedd hi, a honno wedi'i gweithio allan yn fanwl – i lawr i'r drysau'n agor a chau wrth i un cymeriad ar ôl y llall ddiflannu, drwch blewyn cyn i un arall ddod i mewn. Cast cyntaf John fel cyfarwyddwr oedd Sioned Mair, Wyn Bowen Harries, y fi, Mari Gwilym, Huw Ceredig, Islwyn Morris a Dyfed Thomas. Mi gawson ni hwyl yn ymarfer a pherfformio a John yn llywio llong hapus iawn. Wnes i ddim gofyn yr un cwestiwn yn yr ymarferion, rhag ofn i'r actorion eraill feddwl mod i'n cymryd mantais. Dyna'r unig reswm pam na fyddwn i'n mwynhau gweithio efo John fel cyfarwyddwr. Mae'r hawl i ofyn cwestiwn a disgwyl arweiniad yn ddau beth hanfodol i actor eu cael gan gyfarwyddwr, ond allwn i byth deimlo'n ddigon rhydd i wneud hynny efo John.

O'r cychwyn cyntaf efo *Hywel A* mi allwn i deimlo ar y llwyfan bod y gynulleidfa'n ymlacio ac yn mwynhau a chwerthin. Ond roedd y gorau eto i ddod. Byddai'r llenni'n agor ar y drydedd act ac arch ar ganol y llwyfan. Ymhen hir a hwyr dyma gaead yr arch yn agor a Huw Ceredig, yn chwarae rhan gŵr y tŷ, yn codi'i ben. Nid chwerthin yn unig roedd y gynulleidfa ond sgrechian. Does yna ddim byd tebyg i lond theatr o bobl yn sgrechian chwerthin.

Mor wahanol oedd Eisteddfod 1979 i Eisteddfod 1959. Bellach ro'n i'n actores, yn briod ag actor – a hwnnw'n gyfarwyddwr llwyddiannus hefyd yn ôl yr adwaith i'w gynhyrchiad cyntaf – ac yn fam. Nid y bywyd hwn fyddwn i, yn 1959, wedi'i ddychmygu y byddwn i'n ei fyw yn 1979. Dwn i ddim a fyddwn i wedi meddwl mor bell ymlaen â hynny.

Ym mis Medi 1979, mi fu Dad farw yn ddyn gweddol ifanc, ond yn berffaith barod am y daith olaf. Ugain mlynedd ar ôl 'i fam, ac yn ymwybodol hyd y diwedd mai siomiant oedd o iddi hi. Mi gollais i o yn fwy o lawer nag a feddyliais i erioed y byddwn i. Dwi'n credu ein bod ni'n dau'n deall ein gilydd. Wedi iddo ddod i adnabod John a chlywed cymaint am *Un Nos Ola Leuad*, mi fydda Dad yn gofyn iddo fo ddarllen pytiau yn y dyddiau cynnar, ond nid yn ddiweddarach. Pan gyhoeddwyd hunangofiant Caradog Prichard, *Afal Drwg Adda,* yn 1973, roeddan ni'n falch o weld yr enw Jervis ynddo fo, er bod yr amgylchiadau'n rhai mor drist.

Yn 1980, bu farw Caradog Prichard a dim sôn bod yr Eisteddfod yn mynd i roi teyrnged iddo. Mi benderfynodd John y bydda fo'n llunio teyrnged fer i'w pherfformio yn y Babell Lên – John i lunio sgript a minna i ddewis a dethol y farddoniaeth ar y diwedd. Yn 1927, ac yntau ond yn dair ar hugain oed, roedd Caradog Prichard wedi ennill ei goron Eisteddfodol gyntaf o dair, a'r tair wedi eu hennill yn olynol. Yn 1962 enillodd y gadair am ei awdl 'Llef un yn Llefain'. Dros y blynyddoedd, mae John wedi bod yn eithaf hyderus ym maes addasu a chyfansoddi ar gyfer y *Talwrn* ac yn darllen ambell i gerdd i mi cyn ei chyflwyno'n derfynol. Os bydd yr awen wedi gwenu'n ffafriol, mi fydd yn gofyn i mi ddewis rhwng dwy gerdd, a finna'n gwneud. Mae clywed straeon Harri Parri am y tro cyntaf yn bleser pur. Tydi straeon Porth yr Aur erioed wedi methu taro deuddeg a John yn gwybod bod ganddo fo 'stwff' gwerth chweil i'w ddweud. Dyna ydi priodas berffaith.

Yn Eisteddfod Dyffryn Lliw roedd y ddau ohonon ni'n nerfus. Un rheswm oedd mai ni oedd wedi gofyn am awr yn y Babell Lên er mwyn talu teyrnged i fardd a nofelydd. O'r cychwyn cyntaf roedd yna awyrgylch braf yn y babell a nifer yn y gynulleidfa'n teimlo nad oedd yr Eisteddfod wedi gwneud tegwch â Caradog Prichard. O'r dechrau, wrth i John ddyfynnu:

> Dwi'n reit siŵr o'r dyddiad am mai diwrnod 'y mhen-blwydd i yn bump oed oedd hi ac yr oedd yr haul yn t'wnnu ar yr eira ar Allt Pen Bryn a minna'n cerdded a rhedeg a sglefrio fy ffordd o'n tŷ ni yn Brynteg i dŷ Anti Jên ym Mhenbryn . . .

roeddan ni'n synhwyro bod y gynulleidfa'n mwynhau a bod *Un Nos Ola Leuad* yn taro tant efo pawb. Y dagrau, y chwerthin, a'r chwerthin trwy'r dagrau hefyd. Ar y diwedd, ar ôl yr emosiwn i gyd, roedd yna ddarn byr, hollol ffeithiol. Dwy frawddeg yn unig, ond digon i roi ysgytwad i bawb ohonon ni:

Aeth Margaret Jane Prichard i ysbyty'r meddwl yn Ninbych yn 1922 yn bedwar deg saith mlwydd oed. Bu farw yno ar y pedwerydd o Fai, 1954 yn saith deg naw mlwydd oed.

Anghofia i na John fyth mo'r awr honno na'r daith a drefnwyd yn ddiweddarach.

Y flwyddyn ganlynol fe ymunodd Wyn Bowen Harries, Gwen Ellis, Gwyn Vaughan a Grey Evans â ni i fynd â sgript estynedig o'r un wreiddiol ar daith. Mi aeth y daith fel pelen eira – tai llawn ymhobman a rhai perfformiadau ychwanegol. Un dydd Sadwrn ym Mangor bu raid i ni roi tri pherfformiad. Unwaith ar y daith mi ges hi'n anodd i gario ymlaen am fod yna ddynes yn y gynulleidfa yn ochneidio crio. Wyddwn i ddim a ddylwn i aros am eiliad ai peidio. Cario ymlaen wnes i. Mae'r peth yn ymddangos yn oeraidd a di-hid, ond o bosibl mai dim ond dau neu dri yn y gynulleidfa oedd yn ymwybodol o'r sefyllfa. Mynd allan yn ddistaw rhwng dwy gerdd wnaeth y ddynes a'i ffrind.

Y llyfr swmpus a difyr diwethaf i mi bori ynddo oedd cyfrol Menna Baines, *Yng Ngolau'r Lleuad: Ffaith a Dychymyg yng ngwaith Caradog Prichard*. Y darlun sydd yn 'y meddwl i o Caradog Prichard ydi dyn â gwên ar ei wyneb. Mae yn y llyfr ddyfyniad a'm trawodd i. Trafod bywyd y *'subs'* ar desg nos y *Daily Telegraph*, a Caradog Prichard yn un ohonyn nhw, y mae'r darn. Yn amlwg, doedd yr awyrgylch ddim yn un braf iawn, a dweud y lleiaf, i weithio ynddi ac mae gŵr o'r enw Sydney Reynolds yn rhyfeddu at y ffaith:

To have spent that long in that cesspit of characters like Eastwood and Hutchinson and survived it, and to have kept his sensitivities as a poet, is quite something.

Does ryfedd yn y byd bod Caradog Prichard, ac yntau wedi gallu ysgrifennu *Un Nos Ola Leuad,* wedi llwyddo i gadw'i sensitifrwydd fel bardd, hyd yn oed ym mhwll mwdlyd newyddiaduraeth.

Mi fu'r blynyddoedd yn dilyn *Y Tŵr* yn rhai prysur tu hwnt i mi ar y llwyfan. Un fantais oedd mod i'n cael gwneud y gwaith caled adre. Byddai'r ymarferion i gyd yn cael eu cynnal yn y Tabernacl ym Mangor a'r teithio'n dderbyniol o ran faint o amser y byddwn i'n gorfod bod oddi cartref a Nain yn gwarchod yr hogia.

Pan oedd John a minnau'n gweithio ar y cyd, teithio adref y byddan ni, waeth pa mor hwyr y nos oedd hi. Pe baen ni'n cychwyn o Lanelli am hanner awr wedi deg y nos, dyweder, mi fydda hynny'n golygu ein bod ni'n ennill diwrnod gartra. Nos Sadwrn fyddai'n braf, o feddwl nad oedd rhaid ailgychwyn tan y dydd Mawrth.

Yr hyn ddylai ddigwydd mewn gwirionedd ydi bod y gwaith caled i gyd wedi ei wneud yn yr ymarferion ac mai ymlacio'n llwyr ddylai actor ei wneud ar y llwyfan. Dyna ydi'r nod, beth bynnag. Mis ar yr hwyaf ydi taith drama Gymraeg a phethau'n dod i ben yn rhy sydyn pan fydd popeth wedi disgyn i'w lle.

Un rhan o'r cynhyrchiad ydi'r actio. Jig-so mawr ydi drama, a phawb yn ddernyn yn y cyfanwaith, o'r awdur i'r cyfarwyddwr i'r actorion a'r technegwyr. Fedrwch chi ddim cael perfformiad heb fod y darnau i gyd yn eu lle. Mae yna nifer fawr o bobl wedi bod ar hyd y blynyddoedd yn gweithio y tu ôl i'r llwyfan, mwy o lawer na alla i fyth eu henwi, ond mae yna ddau fu'n gweithio'n rheolaidd yn ystod fy amser i fel actores yn y theatr. Mae un yn dal ati i weithio o hyd, sef y cynllunydd Martin Morley, ac un wedi ymddeol – y dewin o saer, Glyn Richards. Doedd hi ddim yn anarferol i glywed cynulleidfa'n cymeradwyo'r set ar ôl i'r llenni agor ar un o'u creadigaethau. Mae'r ddau wedi cydweithio ar ddegau o setiau, a chlywais i neb yn cwyno unwaith bod unrhyw beth o'i le na'r un set wedi bod yn anodd gweithio arni.

Un o'r setiau hynny oedd set *Oedipus Frenin*. Roedd cast mawr yn y ddrama Roegaidd hon ac Euros Bowen wedi'i chyfieithu o'r iaith wreiddiol i'r Gymraeg. Mi gawson ni ein mesur am y masgiau ac mi ges i hi'n anodd iawn i actio â hanner masg am fy wyneb. Dwn i ddim a lwyddais i ai peidio; allwn i fy hun ddim barnu'r naill ffordd na'r llall. Er nad oedd o'n siarad Cymraeg, mi ddaeth yr Athro Anderson o'r Adran Saesneg a Drama yn y brifysgol ym Mangor i ddeud 'i fod o wedi mwynhau'r cynhyrchiad. Mi ddeudodd wrtha i mod i heb ddisgyn i'r demtasiwn o actio'n or-naturiolaidd, a bod hynny'n elfen bwysig i'w chofio wrth actio unrhyw ddrama Roegaidd. Yr hyn wnaethon ni i gyd ei fwynhau oedd presenoldeb W. H. Roberts, ac roedd ei hyfforddiant gyda'r geiriau'n hanfodol. Wilbert oedd y cyfarwyddwr, ond teimlai y dylid cael meistr ar y grefft o lefaru i ddod aton ni. Mi roedd Mr Roberts yn gwmni difyr hefyd ac yn ddeudwr stori heb ei ail. Mae dau ŵyr iddo fo, Huw Llŷr a Trystan, yn actorion prysur erbyn hyn.

Ymhen ychydig flynyddoedd ar ôl y cynhyrchiad hwnnw, fe ddaeth cyfle i ni fynd ar ein gwyliau i wlad Groeg a dewis ynys Spetses yn fwriadol er mwyn i ni gael mynd i Epidauros a theatr enwog y Groegiaid. Ar ôl taith fer ar gwch o'r ynys i'r tir mawr, roeddan ni yno, ynghanol unlle. Doedd y perfformiad ddim yn dechrau tan iddi dywyllu a miloedd ohonon ni yn y fan honno, dan yr awyr agored, yn disgwyl am berfformiad o ddrama a oedd yn mynd i gael ei pherfformio mewn theatr ac ynddi le i 14,300 o bobl. Roedd y lle yn rhwydd lawn ar y noson yr aethon ni yno, a dim ond un rhan o safle anferth ydi'r theatr. Yr actorion oedd yn dod â'r golau hefo nhw, pob un o'r corws yn cario'i lantern ei hun. Comedi welson ni, ac er nad oeddan ni'n deall yr iaith, roedd yr holl berfformiad a'r cynhyrchiad yn gwneud i ni deimlo ein bod ni'n deall y cwbl oedd yn digwydd. Mynd yno i fwynhau, doed a ddelo, wnes i a chael fy hudo fel plentyn bach i mewn i'r chwarae.

Fydda neb call a doeth yn dweud bod actio y proffesiwn mwya angenrheidiol mewn cymdeithas, ond mae adloniant a chyfle i ymlacio am awr neu ddwy yn cyfoethogi bywyd hefyd. Ambell dro bydd rhywun yn cael y teimlad bod actorion – o fewn eu diwydiant nhw eu hunain – yn cael eu trin fel tipyn o niwsans pryd, mewn gwirionedd, heblaw amdanyn nhw fydda dim angen aml i swydd arall yn y diwydiant. Mi ges i'r teimlad yn Epidauros fy mod i'n perthyn i broffesiwn hen iawn a bod rhyw lyfiad o urddas y gorffennol yn dal ar ôl o hyd.

TRO AR FYD

Dwn i ddim hyd heddiw pam a sut y bu i John adael ei swydd gyda Chwmni Theatr Cymru. Nid gadael o'i wirfodd wnaeth o ... *gofyn* iddo fo adael wnaeth y bwrdd. Doedd y Cwmni ddim heb ei elynion. Fel ymhobman, roedd rhai yn elynion amlwg a rhai eraill yn fwy pwerus am eu bod nhw'n elynion oedd yn llechu yn y dirgel. Rhai wedyn am i'r sefydliad aros mewn bodolaeth, ond o dan oruchwyliaeth newydd, am ei bod yn amlwg iddyn nhw bod yn rhaid iddo newid neu ddiflannu'n gyfan gwbl.

Yn 1983, roedd Saunders Lewis yn cael ei ben-blwydd yn ddeg a phedwar ugain a Chwmni Theatr Cymru am ddathlu'r ffaith trwy berfformio'r ddrama *Siwan*. Mi ges y cynnig i chwarae rhan Siwan yn weddol gynnar yn y flwyddyn a derbyn yn syth. Emily Davies oedd y cynhyrchydd, a hi hefyd oedd Cyfarwyddwr Artistig y Cwmni erbyn hyn. Roedd Emily a minnau'n adnabod ein gilydd ers rhai blynyddoedd ac wedi cael aml i baned a phryd o fwyd efo'n gilydd. Mi ddaeth hi â saith actor ifanc i'w chanlyn, a chael eu bedyddio'n syth yn *The Magnificent Seven*. Doedd y teitl ddim yn un rhy bell o'i le, fel mae'n digwydd, am i'r saith wneud marc yn eu gwahanol feysydd. Ynyr Williams, Betsan Llwyd, Rhian Morgan, Siw Walters, Geraint Lewis, Mari Rhian Owen a Nia Caron oedd y saith.

Mi wyddwn i bod Emily'n daer dros wneud ymarferion corfforol am ryw ychydig cyn mynd ati i ymarfer y testun. Roedd hyn yn beth newydd i mi, ond mi ddois i fwynhau'r profiad. Cerdded am ryw hanner awr ac ailddweud yr un frawddeg drosodd a throsodd fyddwn i'n ei wneud. '*Rowliodd Lowri i lawr yr allt; i lawr yr allt y rowliodd Lowri*,' a dweud y frawddeg yna mor gyflym ag y gallwn i am ryw bum munud cyn mynd ar y llwyfan. Mae o'n ymarfer da i gael y tafod a'r ên i weithio'n iawn.

Mi wnes i fwynhau y cyfnod ymarfer a'r syniad o gael Siwan y ddynes mewn gŵn oedd yn llifo, hefo dim byd am ei thraed a digon o ryddid yn yr ystafell wely, yn gweithio'n dda. Dyna'r ddynas oedd yn disgwyl am Gwilym Brewys, tra oedd hi wedi'i gwisgo fel brenhines a dim am wyro pen yn y drydedd act. Mi fuon ni yng Nghastell Dolwyddelan yn ymarfer a chael y teimlad y diwrnod hwnnw bod y castell yn perthyn i ni. Wrth i mi weithio ar y ddrama roedd yna ddau ddyfyniad yn dod i fy meddwl i a'r ddau yn werthfawr i mi yn yr ymarferion wrth geisio dod i adnabod y cymeriad yn well:

> Siwan: . . . Cefais gyda'm gwaed
> Egni nwydwyllt fy nhad. Rhag chwalu 'mywyd
> Mi ymdeflais i waith gŵr ac i waith fy ngŵr.
>
> Llywelyn: Felly'r addolais i di, fy fflam, o bell ac yn fud,
> Gan ymgroesi rhag tresbasu â geiriau anwes;
> Ond tynnais di i mewn i fusnes fy mywyd,
> Trefnais fy nhŷ a'm tylwyth a'm teyrnas wrth dy gyngor,
> A rhoi i'th ymennydd ysblennydd ehangder swydd.

Mi weithion ni'n galed, am oriau hir, a chael ymateb da iawn. Y cast oedd Jo Roberts, Dorien Thomas, Judith Humphreys a fi. Ar gyfer y daith, Rhys Parry Jones chwaraeodd ran Gwilym Brewys. Ddwy flynedd ar hugain yn ddiweddarach, mi welais i Rhys fel yr Haman canol oed trawiadol iawn yng nghynhyrchiad Daniel Evans o *Esther* ar gyfer y Theatr Genedlaethol.

Fe ddylai Trefor Selway fod wedi bod ar y llwyfan o leiaf unwaith yn ystod y daith, ond oherwydd galwadau ffôn a'r ymdeimlad o ddiffyg amser i ymarfer yn iawn, fe benderfynwyd y tu ôl i'r llenni yn rhywle nad felly oedd pethau i fod. Doedd Trefor a minnau ddim yn adnabod ein gilydd yn dda ar y pryd. Fel un o actorion amryddawn Cwmni Garthewin yr oeddwn i'n ei adnabod ac, yn ôl ei gyd-actorion, roedd yn un o wŷr bonheddig y proffesiwn. Mi ddaethon ni i adnabod ein gilydd ac i gydweithio nifer o weithiau wedi hynny.

Yr hyn oedd yn nodweddu Emily oedd yr ynni anhygoel yma oedd ganddi a'r gallu i drosglwyddo peth o'r ynni hwnnw i'w hactorion. Yn amlach na pheidio, byddai oriau'r ymarferion yn anhygoel o hir, ond doeddwn i ddim yn teimlo'n flinedig o gwbl ac yn edrych ymlaen bob nos at y diwrnod canlynol. Tua chanol y daith mi ddechreuodd Caren, meistres y gwisgoedd, ddweud fy mod i'n amlwg yn colli pwysau a bod 'y nillad i'n hongian amdana i. Meddwl mai wedi cael deufis caled a hynny'n dechrau effeithio arna i yr oeddwn i. Erbyn diwedd y daith fedrwn i ddim cadw bwyd i lawr, dim ond *custard slices*.

Yn Llanelli yr oedd y perfformiadau olaf ac un ohonyn nhw yn y bore ar gyfer ysgolion. Roedd yr hen sinema wedi'i haddasu'n theatr a llond y lle o bobl ifanc. Wrth i Judith Humphreys, oedd yn chwarae Alys, dynnu mantell Siwan dyma sŵn chwibanu'n dod o blith y gynulleidfa – a dim un gair wedi ei yngan eto! Erbyn i Gwilym Brewys a Siwan ddechrau cusanu roedd y gynulleidfa'n mwynhau eu hunain yn arw. Ar un foment, mae Siwan yn symud i flaen y llwyfan, a be glywn i oedd llais yn dweud yn uchel, gan gyfeirio at Gwilym Brewys: *'Give it to her, give it to her now!'*. Dyna oedd y geiriau, alla i ddim llai na'u hailadrodd 'tai ond am y ffaith bod y criw ifanc, yn eu ffordd eu hunain, wedi dilyn y ddrama ar hyd y ffordd ac roedd y gymeradwyaeth ar y diwedd yn fyddarol.

Diwedd y *custard slices* a'r salwch oedd i Guto ddod i'r byd y mis Mehefin canlynol. Y cyntaf i ddod â basgedaid o flodau oddi wrtho fo a Mabel oedd J. O. Roberts. On'd oedd o, fel Llywelyn Fawr, yn rhoi bonclust i mi bob nos ar ddiwedd yr act gyntaf a finnau'n llithro'n ddramatig ar draws hanner y llwyfan, a'r un o'r ddau ohonon ni'n sylweddoli bod yna dri, yn hytrach na dau, ynghlwm wrth y weithred?

Mae'r cynhyrchiad hwnnw o *Siwan* wedi aros efo mi mewn rhyw ffordd. Ychydig wythnosau wedi i'r daith ddod i ben mi ddaeth yna alwad ffôn a gwahoddiad i mi i fynd i roi sgwrs fer ar y cymeriad yn nrama Saunders Lewis. Un Siwan ynghanol nifer oedd fy Siwan i, ond mi wnes i fwynhau ceisio mynd dan groen y cymeriad a sgwrsio am y profiad wedyn. Cynyddu wnaeth yr un prynhawn hwnnw i ddegau o brynhawniau, ac maen nhw'n parhau o hyd. Wrth i bethau ddatblygu'n fwy na sgwrs dros amser, mi gytunodd John i ddod hefo mi i ddarllen rhan Llywelyn Fawr. Byddwn ni'n mynd i'r Bala, i wersyll Glan-llyn, a chael dros gant o bobl ifanc mewn un sesiwn. Mae hyn wedi mynd yn beth blynyddol ers tro byd, a'r ddau ohonon ni'n edrych ymlaen at yr alwad ffôn ar ddechrau'r haf i drefnu'r dyddiad. Bum mlynedd yn ôl, mi wnaeth Cwmni Sain recordiad o'r ddrama hefo John fel Llywelyn Fawr, Ioan Gruffydd fel Gwilym Brewys a Bethan Hughes fel Alys. Bethan enillodd Gwobr Richard Burton pan oedd Daniel Evans a minnau'n beirniadu yn Eisteddfod Llangefni, 1999. Rhyfedd meddwl mai un mlynedd ar bymtheg cyn hynny y perfformiwyd *Siwan* yn Eisteddfod Llangefni, 1983.

Er mod i'n brolio fy hun, mi fyddwn i'n un dda erstalwm am fod mewn cwmni a gwneud dim ond gwrando. Byddwn yn cael fy hun, o bryd i'w gilydd, mewn cwmni o bobl fel Harri Prichard Jones, Gareth Miles, Gwenlyn a Huw Lloyd Edwards, oedd yn ffrind mawr i Gwenlyn. Mi fydda yna ddadlau a thrafod a chwerthin hefyd a minnau'n gwrando mewn edmygedd ar bobl yn medru dweud 'u dweud mor rhwydd. Mae bod mewn cynulleidfa niferus yn gwrando ar Hywel Teifi Edwards yn brofiad ynddo'i hun – mi alla fo sgwrsio'n ddifyr ar unrhyw bwnc. Nid felly yn hollol y digwyddodd petha i mi pan es i ar y teledu am y tro cynta fel fi fy hun.

Wedi cael gwahoddiad i fynd ar raglen Gwyn Erfyl, *Bywyd,* oedd John a fi, i sgwrsio am y profiad o weithio a byw gyda'n gilydd. Roedd cael gwahoddiad i fynd ar y rhaglen yn anrhydedd am 'i bod hi'n un o'r rhaglenni mwyaf poblogaidd yr adeg honno, ynghanol y saith degau. Roedd o'n deimlad rhyfedd i fynd am y tro cyntaf ar raglen heb ddim i guddio y tu ôl iddo fo. Dyna lle'r aeth pethau'n flêr arna i. Mi ddechreuais siarad fel pwll y môr fel 'tai neb arall yn bod. Y camgymeriad wnes i oedd ymdrechu'n rhy galed – nid yn gymaint ymdrechu i fod yn berson diddorol, ond i beidio ag ymddangos yn anniddorol.

YR *EGO*

Mae'n rhaid bod pobl dan yr argraff bod John yn cael bywyd hynod o ddiddorol. Ar ddiwedd un noson mewn cymdeithas lenyddol yn Sir Fôn, a ninnau'n cael sesiwn fer o gwestiwn ac ateb, dyma'r llywydd yn dirwyn y gweithgareddau i ben trwy ddweud mai dim ond amser i un cwestiwn oedd ar ôl. Dyma ddyn yn codi ar ei draed a dweud bod ganddo fo gwestiwn i'w ofyn i Maureen Rhys. 'Sut ydach chi'n teimlo wrth weld John Ogwen yn 'i wely'n amlach efo merchaid eraill nag y mae o hefo chi?' Distawrwydd am funud bach ac wedyn pawb yn chwerthin. Efallai, o gymryd y distawrwydd yna fel rhyw fath o arwydd, bod yna fwy nag un yn y gynulleidfa'n dyfalu'r un peth!

Dic Pŵal a Deryn, yn y gyfres *Minafon* o waith Eigra Lewis Roberts, oedd y ddau gymeriad poblogaidd ar y pryd a'r ddau yn dipyn o 'fois'. Mi atebais i'r cwestiwn trwy ddweud bod ynni John i gyd yn mynd i garu a chwarae o gwmpas ar y sgrin fel nad oedd yna ddim ar ôl i fywyd go iawn. Wn i ddim sut y mae dau actor sydd wedi cyfarfod ar gynhyrchiad, neu gwpwl lle mae un yn actor a'r llall heb fod yn y byd hud a lledrith, yn cyd-fyw. Nid actorion oedd John a minnau pan gwrddon ni gyntaf, ond dau fyfyriwr. John Hughes oedd John a finna'n Maureen Lloyd Jones, a Maureen Lloyd Hughes ydw i ar ôl priodi. Hughes ydi cyfenw Robin, Rhys a Guto ac nid Ogwen.

Ac eto, alla i yn fy myw weld bod perthynas rhwng dau actor mor wahanol i berthynas unrhyw ddau arall. Mi all pethau ddigwydd o fewn ystafell athrawon, ysbyty neu unrhyw fan arall lle mae pobl yn gweithio'n agos. Does yr un berthynas yn y byd yn mynd i fod yn un barhaol heb orfod gweithio arni hi ryw ffordd neu'i gilydd. Lle mae dau actor, y mae dau *ego*, mae

112

hynny'n wir. Yn ôl y geiriadur, ystyr *ego* ydi'r 'hunan'. Mae'n debyg bod y gair yn cael ei gysylltu'n amlach mewn perthynas ag actorion nag ag unrhyw broffesiwn arall. I mi, y cnewyllyn yna sy'n cael ei gadw fel yswiriant, a hawl pawb arno'i hun ydi *ego*. Peth gwahanol i'r *ego* ydi cenfigen at lwyddiant eich cymar. Alla i ddim gweld bod hynny'n bodoli yn ein tŷ ni, neu fyddan ni ddim wedi aros hefo'n gilydd cyhyd.

Ar adegau penodol fel geni'r plant a John i ffwrdd ac yn methu gofyn am amser rhydd, mi fyddwn i'n teimlo'n unig; yn meddwl am actio fel chwarae plant a pham na fydda fo fel y tadau eraill. Ond doeddwn i ddim fel mamau eraill chwaith. Robin oedd y cyntaf un, heblaw 'i fam, i weld Guto yn yr ysbyty. Dod yn wên i gyd ac anrheg yn 'i law a mynd adref wedyn i ddweud wrth Rhys, oedd bedair blynedd yn fengach na fo, sut un oedd y brawd bach. Mi fûm i'n lwcus bod Nain yn barod i warchod ac mai ysbeidiol oedd 'y ngwaith i ond fy mod i'n gorfod mynd oddi cartref. Cywasgu peth o waith deugain mlynedd i un llyfr yr ydw i'n ei wneud. Ar ôl dweud hynny, waeth heb â chwilio am esgusodion. Yr hyn oedd yn bwysig i mi oedd ein bod ni'n bwyta wrth yr un bwrdd ac yn siarad a thrafod efo'n gilydd. Er eu bod nhw bellach wedi tyfu'n ddynion, mae yna un peth y maen nhw'n sicr ohono, sef bod Mam â chlust barod ar ben arall y ffôn unrhyw amser.

Nid pawb all ddweud 'u bod nhw wedi cael 'Oscar', ond mae gen i un. Yr hogia roddodd un yn anrheg i mi flynyddoedd yn ôl, Oscar i'r actores orau yn tŷ ni. Mae hi'n cael lle anrhydeddus yn y cwpwrdd gwydr. Tydi hi ddim wedi bod yn fêl i gyd o bell ffordd ar yr hogia, ond o bosibl y byddai hi wedi bod yn fwy anodd pe bai eu cyfenw'n Ogwen ac nid Hughes.

Mae'r tri erbyn hyn i lawr yn y de: Robin a Heather a'r teulu bach, Rhys y golffiwr, a Guto a Bethan. Dweud stori ydi un o hoff bethau Hannah Jane. Digwyddiadau'r dydd, y rhai mwyaf cyffrous, wedi'u cywasgu i ryw bum neu ddeng munud a Richard John, os bydd raid, yn gwrando hefyd.

Un penderfyniad bwriadol wnaeth John a fi flynyddoedd yn ôl oedd y byddan ni'n cydweithio ar brosiectau ar bob cyfle posib. Byth ers dyddiau *Alpha Beta*, mae'r cyfle yna wedi dod bob hyn a hyn dros y blynyddoedd. Efallai nad ydi enw'r ddau ohonon ni ar y dudalen flaen bob amser, ond mae yna foddhad mewn bod yn rhan o lwyddiant waeth pa ffordd y daw o. Cymerwch *Traed Mewn Cyffion,* er enghraifft. Fy syniad i oedd mynd ati i addasu'r nofel ar y cyd gyda'r bwriad o chwarae rhan Jane Gruffydd fy hunan. Nid fel yna y digwyddodd pethau, ond rydw i'n amau a allwn i fod wedi rhagori ar bortread Bethan Dwyfor. Mi fûm i yn y gyfres fel Sioned Gruffydd.

John fydda'r cynta i gyfaddef nad ydi o'n rhy hoff o'r gwaith palu, a finna ydi'r gyntaf i gyfaddef bod enw John Ogwen yn mynd i werthu prosiect – ac na fydda enw Maureen Rhys yn gwerthu dim i neb. Petawn i'n dechrau meddwl fy mod i ar yr un safle â John yn y diwydiant, fydda pethau ddim wedi gweithio mor dda. Nid bod John yn meddwl am funud fy mod i'n israddol iddo fo, a tydw innau ddim wedi meddwl hynny am eiliad chwaith, dim ond bod yn ymarferol. Mae John, er enghraifft, wedi portreadu R. Williams Parry, W. J. Gruffydd a T. H. Parry-Williams ar y sgrin, a finna wedi gwneud yr ymchwil a chynllun y sgriptiau ac wedi mwynhau'r profiad yn arw – a chael fy nghydnabod am y gwaith ar y sgrin. Felly hefyd o ran cynllunio sgript wedi'i seilio ar lyfr Dafydd Ifans, *Annwyl Kate, Annwyl Saunders.*

Trwy gyd-ddigwyddiad, pan aeth y rhaglen honno allan ar y teledu roeddwn i'n perfformio yn Theatr Gwynedd, ac ar y llwyfan mewn siwt nofio at 'y nghanol mewn tywod. Pan ddaeth yr egwyl roeddwn i yn fy unfan ar y llwyfan a mhen i lawr a'r gynulleidfa ar ei ffordd allan. Dyma fi'n clywed un ddynes yn dweud wrth ei ffrind, 'I feddwl bod Maureen Rhys yn hanner noeth ar y llwyfan 'na heno a hithau fel Kate Roberts ar y teledu y noson o'r blaen . . .'

BET A WINNIE

BET

Byth er dyddiau ysgol a dylanwad Miss Catherine Evans, mae gwaith Kate Roberts wedi apelio ata i. Mi wyddwn i am Kate Roberts cyn i mi gyfarfod â Harri Vaughan hyd yn oed. *Y Byw Sy'n Cysgu* oedd y nofel a astudiais ar gyfer Lefel A, a'i mwynhau yn arw. Hi oedd hoff nofel Gymraeg Mrs Williams, fy athrawes Saesneg, ac er nad oeddwn i'n astudio Saesneg mi fyddan ni'n cael aml i sgwrs am hyn ac arall. Cryfder merched Kate Roberts oedd yn apelio ati. Wrth ddod i wybod mwy am ei gwaith, gweld tebygrwydd rhyngddi hi a Nain oeddwn i. Er bod Kate Roberts yn *Dr* Kate Roberts, a Nain heb gael fawr o addysg, yr un iaith roedd y ddwy yn siarad.

Cudd fy meiau rhag y werin,
Cudd hwy rhag cyfiawnder Ne'.

Doedd yna ddim ond un *Werin* i ni, a hwnnw oedd y papur a gyhoeddid yng Nghaernarfon ar ddydd Mercher, papur newyddion heb fod yn drwm, ond â llai o glecs ynddo na'r *Eco*, ac i blentyn roedd yn anodd deall pam roedd Williams Pantycelyn yn gofyn am gael cadw'i feiau allan o'r papur. Ond fe ddaethom i wybod yn well. Doedd y gair *gwerin* ddim yn cyfleu unrhyw beth i ni ar y pryd hynny – *gweithiwrs* oedd y bobl, a chanddynt gyd-withwrs yn y De. Mewn cylchgronau uchel-ael wedyn y daethom i ymgydnabod â'r gair 'gwerin'.

Roedd Kate Roberts yn ysgrifennu am ferched tebyg i Nain, a'r rheiny'n siarad fel yr oedd Nain yn siarad. Mi gyhoeddwyd

115

Tywyll Heno yn 1962, ond pan wnes i ei darllen hi am y tro cyntaf wnes i mo'i mwynhau hi. Ymhen rhai blynyddoedd, mi ddarllenais hi eto a'i chael hi'n nofel hollol wahanol. Gwraig gweinidog yn prysur tynnu tua chanol oed ydi Bet, a'i ffydd hi'n gwegian. Mae'r amheuaeth yma'n dechrau rheoli'i bywyd hi, ei pherthynas â'i gŵr a'i mab a phobl y capel. Ond mae yna funudau o fwynhau bywyd yn y nofel hefyd.

Ugain mlynedd a mwy yn ddiweddarach roedd yna frys i gael drama neu sgript i wneud ffilm ar gyfer S4C. Digwydd bod wrth law oedd *Tywyll Heno*, a dyma John yn mynd ati i'w haddasu hi. Mi wnaethon ni weithio ar y cyd at y diwedd am mai fi oedd i chwarae rhan Bet. Petai yna amser i feddwl, efallai y bydda 'na amheuon wedi codi ynghylch yr holl brosiect gan nad oedd y nofel wedi'i chlustnodi fel un addas i'w haddasu ar gyfer y teledu.

Dafydd Huw Williams oedd y cynhyrchydd a David Lyn oedd i gyfarwyddo. Mi gafodd Dafydd gast cryf at ei gilydd yn cynnwys Gaynor Morgan Rees, Beryl Williams, Elen Roger Jones, Sian Jones, Guto Roberts a J. O. Roberts. Gwyn Derfel oedd fy mab i a John oedd Gruff.

Y gŵr y tu ôl i'r camera oedd Dafydd Hobson, a David ac yntau'n deall ei gilydd i'r dim. Oherwydd natur y rhan a chymaint yn gorfod cael ei ddangos yn llygaid Bet, roedd y ffaith bod Dafydd Hobson yn Gymro yn bwysig iawn i mi. Roeddwn i, yn ôl fy arfer, yn pwyso'n o drwm ar David fel cyfarwyddwr ac yn gwybod 'i fod o ond lled braich i ffwrdd oddi wrth y camera. Roedd gwybod bod Dafydd yn deall beth oeddwn i'n 'i ddweud hefyd yn bwysig i mi. Oherwydd unigrwydd Bet, a hithau'n raddol yn cau 'i hun i ffwrdd oddi wrth ei theulu a phawb arall, yr unig un oedd yn medru deall Bet oedd y camera. Dyna fel roeddwn i'n teimlo. Mi wnaethon ni fwy nag un llun anodd yn emosiynol ar y cyfle cyntaf, a'r ffaith bod Dafydd yn deall beth oedd Bet yn ei ddweud a minnau'n gwybod hynny yn fwy na rhannol gyfrifol bod y cyfle cyntaf wedi gweithio.

Tra oeddan ni'n ffilmio, roedd yna deimlad braf ar y set er

bod y pwnc mor ddwys. Mewn un neu ddwy o'r golygfeydd roedd yn ofynnol i Bet ysmygu, a minnau wedi rhoi'r gorau iddi ers bron i ugain mlynedd bryd hynny. Gofyn i Angharad Anwyl gadw rhai i mi wnes i a chael un bob hyn a hyn am fod yr un neu ddwy yna ar y set wedi ailgodi ynof i yr hen awch am sigarét. Wnes i ddim disgyn i'r demtasiwn o ailddechrau ysmygu, diolch am hynny.

Sirel oedd yn gyfrifol am y gwisgoedd. Y pum degau ydi cyfnod y nofel a'r dillad bryd hynny'n tueddu i fod yn anniddorol. Ar ben hynny mi gafodd Sirel y syniad yma bod dillad Bet yn adlewyrchu'r ffordd yr oedd hi'n teimlo; syniad da oedd o hefyd. Mi roedd gen i fy nghas gardigan, a dim ond ei gwisgo hi pan oedd raid wnes i. Yn y ddrama, mae ffrind Bet yn sôn am ddod â ffrog ffasiynol iddi hi. Mae Bet hefyd yn sylwi ar y ffordd y mae Llywydd Cymdeithas Gwragedd y capel wedi gwisgo: 'Syllais arni – yr oedd yn ddynas landeg, yn tueddu i fod yn flonegog; ei gwallt yn donnau perffaith; ei blows wedi ei smwddio'n raenus a rhai o'i dillad isaf lesog i'w gweld trwyddi; ei gwddw'n ddigon isel i ddangos chwydd ei bronnau.' Mae ambell un oedd yn adnabod Kate Roberts wedi dweud bod ganddi ddiddordeb mewn dillad. Yn ddiweddar mi ddois i ar draws y darn yma:

Gorff 10: Darllen Katherine Whitehorn ar wyliau yn St Tropez yn trafod y ffasiynau yn ffraeth. Gresyn na ddoi hi i'r Eisteddfod Genedlaethol. Câi destun da i ysgrif yno, a châi awgrymu gwelliannau, e.e. sgert mini i'r Orsedd. Byddai'n drobwynt yn hanes ffasiwn y byd ysgrifennu.

Ar ôl i ni orffen y ffilmio mi fu Bet efo mi am gyfnod hir a minnau am iddi fynd. Fel y mae John yn dweud, mi gawson ni fwy o adwaith ar ôl y ffilm *Tywyll Heno* na dim arall yn ystod y blynyddoedd.

WINNIE

Mi dreuliais i rai wythnosau yng nghwmni Graham Laker yn ymarfer rhan Winnie yn *Dyddiau Difyr*, cyfieithiad Annes Gruffydd o *Happy Days* gan Samuel Beckett. Ychydig wyddwn i am y dramodydd cyn i mi fynd at Graham. Yn y coleg, roedd yna fwy o sôn am Ionesco nag am Beckett. Nid sôn am y dramodydd yma yn unig wnaethon ni, ond sôn am bob math o bethau a phob math o bobl.

Un peth sy'n nodweddu Winnie ydi ei bod hi'n siarad yn ddi-baid. Wrth drafod y rhan un prynhawn mi ofynnodd Graham i mi a oedd yna unrhyw un, i mi gofio, wedi dweud rhywbeth wrtha i a finna'n gegrwth yn methu ateb. Fedrwn i ddim meddwl am ddim ar y pryd. Mi soniodd Graham wedyn am gyfweliad oedd o wedi'i weld ar y teledu. Yr Americanwr ffraeth Gore Vidal oedd yn cael cyfweliad, a dyma'r holwr yn gofyn a oedd yna unrhyw beth yn fwy na'i gilydd yn codi'i wrychyn o? Cwestiwn digon naturiol o dan yr amgylchiadau. Mi gafodd yr holwr ateb pendant mewn un frawddeg: 'Yes, the success of my friends.'

Medda Graham, allai'r holwr ddweud 'run gair am eiliad neu ddwy, dim ond eistedd yn ei sedd a hanner gwên wedi rhewi ar 'i wyneb, a Gore Vidal yn eistedd gyferbyn a dim math o fynegiant ar 'i wyneb o. Rhyw sgwrsio fel yna y bydden ni ambell waith rhag bod trafod Beckett yn mynd yn drech na fi. Mi ddois yn hoff iawn o Winnie, yn dal i gario ymlaen a hithau erbyn y diwedd wedi'i chladdu at ei gên mewn tywod. Er bod yna lwyth o eiriau i'w dysgu, doedd hynny ddim yn orchwyl anodd am fod cyfieithiad Annes yn un mor rhwydd. Nid y geiriau'n unig oedd yn bwysig chwaith, ond y prysurdeb. Er 'i bod hi'n methu symud, roedd Winnie'n brysur tu hwnt yn tynnu pethau o'i bag a'u rhoi yn ôl wedyn, ac roedd hyn i ddigwydd mewn trefn arbennig. Roedd yn rhaid i bob gair fod yn union yn ei le, a phob saib i fod yn ei le priodol hefyd. Dyna amod y cyfieithu, ac yn ôl ystâd Beckett mi fydda rhywun yn dod i'r perfformiadau i weld bod popeth fel y dylai fod.

Yn yr ymarferion mi fydda Neil yn glynu fel gelain at y sgript a chawn i ddim cymryd 'y ngwynt bron heb ei ganiatâd o. Am y deng niwrnod olaf mi ymunodd Trefor Selway â ni i ymarfer rhan Willie, a braf oedd cael cwmni yn yr ymarferion. Y diwedd fu i mi ofyn am gael recordio'r act olaf ar dâp a'i chael hi'n chwarae yn 'y nghlust i am y ddau neu dri perfformiad cyntaf fel sicrwydd y bydda popeth yn iawn. Mi fuo hi yn 'y nghlust i bob nos am weddill y rhediad. Doedd yna ddim taith, dim ond perfformiadau ar y llwyfan yn Theatr Gwynedd. Mi ddois yn hoff iawn o Winnie hefyd: weithiau'n ddwys, weithiau'n hapus ac yn aml yn gymysg oll i gyd.

DAL I FYND

Dyddiau Difyr oedd y cynhyrchiad olaf i mi ei wneud gyda'r diweddar Graham Laker. Mi fu Graham yn Gyfarwyddwr Artistig Theatr Gwynedd am gyfnod o flynyddoedd – y fo a Dafydd Thomas, rheolwr y theatr, yn cydweithio am y cyfnod yna. Cyn bod Dafydd yn ei swydd fel rheolwr, na Graham yn Gyfarwyddwr Artistig, mi fu ond y dim i'r theatr orfod cau ei drysau am byth. *Alpha Beta* oedd y ddrama gyntaf i gael ei pherfformio yn y theatr, a bu bron i mi fod yn y ddrama olaf un i gael ei pherfformio yno. Mynd i gymryd lle Beryl Williams ar fyr rybydd, a dim ond ychydig dros wythnos i fynd, wnes i. Grey Evans oedd yn cyfarwyddo a minnau'n cymryd rhan Alys Lloyd, gwraig y gweinidog, gyda Stewart Jones yn chwarae'r brif ran. Drama gan John Gwilym Jones oedd *Lle Mynno'r Gwynt,* a bu bron i ni orfod rhoi'r ddrama o'r neilltu – ond mynd yn ei blaen wnaeth y daith.

Un noson ar y llwyfan roedd Gwyn Vaughan yn eistedd a minnau fel 'i fam yn gwneud rhyw bwynt neu'i gilydd ac ar fy nghwrcwd wrth ochr y gadair. Dyma'r glaw yn dod fel dilyw a diferion ohono fo'n disgyn ar ben Gwyn ac yn rhedeg i lawr ei wyneb o. Ar foment ddwys mae'n hawdd mynd i chwerthin, ond wnaethon ni ddim. Dro arall ar y daith, a ninnau erbyn hyn yn Abertawe, mi gofia i olygfa ddieiriau pan oedd y fam yn poeni am 'i mab oedd oddi cartref (oedd yn cael ei chwarae gan Gareth Roberts). Dim ond y fam oedd yn yr olygfa, a'r gobaith oedd adeiladu tensiwn cyn i'r ffôn ganu. Mi weithiodd pethau'n eithaf, ac mi ganodd y ffôn. Ar ôl un olwg ofnus arno, mi godais i o – ond dal i ganu wnaeth y ffôn. All neb guddio peth fel'na, dim ond derbyn bod yna rywbeth wedi mynd o'i le. Y cwbl wnes i oedd aros eiliad neu ddwy yna cerdded oddi ar y llwyfan. Mi wnaeth y gynulleidfa ymateb ychydig ond mi ddaethon yn ôl at y chwarae bron yn syth. Rhaid gwneud y gorau o'r gwaethaf weithiau.

O leiaf ro'n i'n gallu symud oddi ar y llwyfan y tro hwnnw. Yn nrama Gwenlyn Parry, *Sal*, a Siwan Jones yn chwarae'r brif ran, mi es yn sownd i'r llwyfan a finna'n sefyll ar y pryd ar ben fy hun ar flaen y llwyfan. Mi aeth fy ffrog hir Fictorianaidd ac un esgid yn sownd fel na fedrwn i ddim mynd yn ôl nac ymlaen. Dilwyn Young Jones ddaeth i'r adwy yn ei gymeriad, gan godi'n ffrog i efo tipyn o steil a chynnig ei fraich i mi bwyso arni er mwyn i mi gael fy esgid yn rhydd. 'Miss Llethr Neuadd 1869' oeddwn i ar ôl hynny!

Mae Cwmni Theatr Gwynedd wedi peidio â bod, ond mae'r theatr yno o hyd a'r staff yn dal i gynnig croeso a phanad os bydd amser yn caniatáu hynny. Fyddwn i ddim yn hoffi cael fy nghloi i mewn yno ar ben fy hun, chwaith, rhag ofn i mi weld yr holl gymeriadau yna'n dod yn ôl ata i. Ond wedi dweud hynny, amser braf oedd o hefyd.

Er mai Sais rhonc oedd Graham Laker, mi benderfynodd aros yng Nghymru a dod yn rhugl yn y Gymraeg, trwytho'i hun yn y diwylliant a chyfarwyddo trwy gyfrwng yr iaith. Mi fathodd o ymadrodd – un unigryw iddo fo am wn i. Am *making love*, mi fydda'n dweud 'gwneud cariad'. Yr unig ddau air Saesneg fydda fo'n eu ddweud oedd y *through line*. Edrych am y llinell yna ddylai redeg drwy bob drama o'r dechrau i'r diwedd oedd un dyletswydd bwysig i gyfarwyddwr, os nad i actor hefyd. Mi glywson ni hi'n amlach nag arfer wrth ymarfer *Y Gelli Geirios*, cyfieithiad yr Athro Gareth Jones o'r ddrama Rwsieg gan Chekhov, *The Cherry Orchard*. Am i bawb o'r cast mawr gael yr un cyfle roedd o. Roedd Graham yn gredwr cryf mewn actio 'ensemble'. Pawb â'i ran a phawb yn perthyn i un teulu o berfformwyr.

Rhan Ranyevskaya roeddwn i'n 'i chwarae; dynas wirion, yn ôl Chekhov, a'r rhan i fod i gael ei chwarae gan ei wraig ei hun yn y cynhyrchiad cyntaf. Trwy'r gomedi yn y ddrama mae modd gweld yr ochr ddwys hefyd. Gobaith Chekhov oedd y byddai'r gynulleidfa'n cynhesu at y criw yma o bobl. Comedi yn ymylu ar fod yn ffars oedd y ddrama, yn ôl yr awdur, ond ei chyflwyno hi fel drama ddifrifol am y bywyd Rwsiaidd roedd Stanislavsky am 'i wneud. Pobl drist sydd yn y ddrama mewn gwirionedd, pobl rwystredig â'u gobeithion heb eu cyflawni a'u breuddwydion heb eu gwireddu.

Mi fwynheais i'r sialens a'r her o weithio ar ran anodd i ddal y cydbwysedd rhwng y 'gwirion' a'r pathos sydd yna wrth weld dynes yn ei hoed a'i hamser, yn amlach na pheidio, fel plentyn bach ond yn meddwl ei bod hi'n datrys cymhlethdodau bywyd. Mi alla i glywed Graham yn dweud fel y dwedodd o ar ddechrau'r ymarferion, 'Maureen, rhaid i ti beidio chwarae hwn am gydymdeimlad neu mi fyddan ni mewn trwbwl!'

Wnes i erioed feddwl y byddwn i byth yn cymryd rhan mewn sioe gerdd. Mae'n debyg mai fi oedd y pedwerydd neu'r pumed dewis, er na ddwedodd neb hynny wrtha i chwaith. Alla i ddim canu, ond mi wynebais yr her a llwyddo i gadw tiwn o bryd i'w gilydd. Gobeithio fy mod i wedi cuddio'r ffaith yn weddol trwy lafarganu, gan obeithio bod yr actio'n rhagori ar y canu. Sioe gerdd wedi'i seilio ar nofel Daniel Owen *Enoc Huws* oedd hi, a chantorion enwog fel Dafydd Dafis a Siân James yn cymryd rhan yn y sioe. Wil Lewis, Sioned Webb a Dewi Jones oedd yn gyfrifol am yr addasiad a Graham yn cyfarwyddo. Mrs Trefor oeddwn i y tro hwn ac nid Marged. J. O. Roberts oedd Capten Trefor, Siân James oedd Siwsi, Dafydd Dafis oedd Enoc, a Mair Tomos Ifans oedd Marged. Mi lwyddodd Sioned Webb i roi mymryn o siâp arna i at y diwedd a diolch, dwi'n siŵr, mai rhan fechan oedd fy rhan i. Dyma'r cynhyrchiad cyntaf i Arwel Gruffydd fod ynddo fo ar ôl gadael y coleg. Bedair blynedd yn ôl mi enillodd y BAFTA am ei bortread syfrdanol o Capten Trefor yn *Treflan*. Y fo hefyd oedd Bob, fy mab, yn *Bob a'i Fam*. Welais i mohono'n anghofio'i eiriau o gwbl a dwi'n amau'n gryf a wnaeth o hynny o gwbl mewn dwy gyfres. Criw bach oeddan ni: Catrin, Graham Land, Elin Wmffras, Delyth Eurwyn, Arwel a fi.

O FLAEN Y CAMERA

Gwaith llwyfan ydi'r gorau gen i o bell ffordd. Mae cael amser i ymarfer a pherfformio o flaen cynulleidfa yn rhagori ar y camera. Mi fydda'n gywilydd i mi petawn i'n dweud yn wahanol a minnau wedi cael y cyfle i chwarae ystod o rannau. Petai Theatr Gwynedd wedi cau, dwn i ddim be fydda wedi digwydd i mi. Y ddrama gyntaf i mi fod ynddi i Gwmni Theatr Gwynedd oedd *Gymerwch Chi Sigarét?*, Saunders Lewis; Wil Lewis y dramodydd, ac un o gyn-fyfyrwyr John Gwilym Jones, oedd yn cyfarwyddo. Judith Humphreys oedd Iris a Richard Elfyn oedd Marc, yn cymryd rhan yn un o'i gynyrchiadau cyntaf. Ychydig dros ddeng mlynedd yn ddiweddarach, mi enillodd wobr BAFTA am y prif actor. Calista oeddwn i'n 'i chwarae. Yn ei ragair i'r ddrama mae Saunders Lewis yn ymddiheuro ei fod o wedi gadael Calista ar y llwyfan heb fawr i'w ddweud. Doedd dim rhaid ymddiheuro am fod actio heb eiriau yn her i actor a hynny'n gallu bod yn bwerus ynddo'i hun. Ffrog ddu a phâr o esgidiau du oedd gen i, ac mi ddigwyddodd yr adran wisgoedd roi cadwyn denau a chroes fechan arni i mi ei gwisgo am fy ngwddf. Mi ofynnodd mwy nag un i mi wedyn ai symbol bwriadol oedd bod y golau'n taro ar y groes ac yn disgleirio allan i'r gynulleidfa. Nid dyna oedd y bwriad – ond os mai dyna oedd rhai yn y gynulleidfa yn 'i feddwl, a hynny'n cyfoethogi'r profiad iddyn nhw, ddyla neb ddweud yn wahanol.

Y gwaith teledu diweddara imi ei wneud oedd Gari Tryfan efo Iestyn Garlick fel Gari Tryfan, Gwyn Vaughan (Alec), Rhoswen Deiniol (Elen) a Betsan Roberts a fi yn ddwy reolaidd yn y gyfres. Dynas ddrwg oeddwn i ac yn mwynhau gydag arddeliad. Pennant Roberts oedd y cyfarwyddwr.

Wedi sefydlu S4C mi gafodd John a minnau'r siawns i sefydlu cwmni i wneud chwe ffilm. Wrth feddwl am sefydlu cwmni doedd John na minnau ddim wedi bod yn gyfrifol am ddim o'r fath erioed a daeth tri profiadol iawn yn eu gwahanol feysydd i redeg y cwmni newydd: Dafydd Huw Williams, Dennis Jones a Norman Williams. Dyna ddechrau ar gwmni Eryri. Mi wnaeth y Cwmni bedair ffilm wahanol yn ôl gofynion S4C ar y pryd, sef *Tra Bo'r Rugarug yn Nythu* (Huw Roberts), *Y Wers Nofio* (Ifor Wyn Williams), *Ha Bach Mihangel* (Gruffydd Parry) a *Tywyll Heno* (addasiad o nofel Kate Roberts).

Mi anfonodd Ewart Alexander fraslun manwl o ffilm yn delio â llosgach atom. Mi fydda hi wedi bod yn ffilm fodern gref wedi'i llunio gan awdur profiadol yn ei faes. Dyddiau cynnar oedd hi a llygaid pawb ar S4C. Doedd ffilm Ewart Alexander ddim yn addas i'r funud.

Wedi darllen llyfr Dan Brown, *The Da Vinci Code*, mae sgript ffilm gan Jane Edwards yn dod yn ôl yn fyw i'r cof. Stori Mair Magdalen oedd hi, ond chafodd hi mo'i gwneud – a dyna'r siom fwyaf i mi yn fy ngyrfa. Mae'n debyg bod y sgript ar gael o hyd – ond alla i ddim gweld fy hun fel Mair Magdalen yn y flwyddyn 2007 rywsut.

Mi ddaeth y gorffennol yn ôl i mi pan ddaeth galwad oddi wrth Gareth Wyn i gynnig rhan Greta i mi mewn cyfres newydd o'r enw *Lleifior* hefyd, ddeng mlynedd ar hugain wedi'r gyfres gynta honno. Nid dyna'r tro cyntaf i mi weithio i Gareth. Mi ffilmion ni *Cysgodion Gdansk* ar leoliad yn yr Iseldiroedd. Dynas ddrwg oeddwn i eto a phartner neu bennaeth dieflig gen i yn William Huw. Ar ddiwrnod rhydd yn Amsterdam – yno am ryw dridiau oeddan ni – mi es i i weld arddangosfa o weithiau celf modern. Fedrwn i wneud na phen na chynffon o'u hanner nhw. Tra o'n i'n pendroni, mi ddaeth Sirel i mewn a dyma fi'n dweud wrthi hi y gallwn i hyd yn oed fod wedi gwneud rhai o'r gweithiau yna. A'i hateb hi oedd, 'Wel, 'nest ti ddim, yn naddo!'

Teulu Greta oedd Noel Williams fel y Karl hŷn urddasol, a'r tri phlentyn yn cael eu chwarae gan Mari Rowland Hughes, Robin Eiddior, Dafydd Dafis ac, yn ddiweddarach yn yr un rhan, Llion Williams. Elliw Haf oedd Marged yn y cynhyrchiad yma. Dyn gwybodus a difyr ydi Gareth a gwên ar 'i wyneb o bob amser. Mi gawson ni groeso y tu hwnt o gynnes gan Mr a Mrs Tudor, Llysyn, a chan bobol ardal Llanerfyl. Mi roedd hi'n gyfres boblogaidd gan y cyhoedd, mi alla i fod yn dyst i hynny, ond nid mor boblogaidd gan y beirniaid.

Pwy feddyliai yn 1959 – pan syrthiais mewn cariad hefo Harri Vaughan – y byddwn i, cyn diwedd y ganrif, wedi bod yn wraig ac yn chwaer iddo fo, a bod *Cysgod y Cryman*, fy llyfr i, wedi'i ddewis yn Llyfr y Ganrif!

HEIBIO BRYN BRAS

Castell 'gwneud' ydi Bryn Bras, ac yno y byddan ni'n cael mynd unwaith y flwyddyn o'r ysgol i weld y gerddi a chael picnic. Mi fydda'r hen berchennog yn arfer rhoi cant o lo bob blwyddyn i wragedd gweddwon y plwyf. Mi ddyla fod wedi cael ei wneud yn Syr ond 'i fod o, meddan nhw, wedi gwneud ryw 'fisti manyrs' yn y busnes olew. Yn ôl eraill, roedd Lloyd George wedi gwneud gwaeth pobl yn Syr. Bryn Bras oedd y lle crandia y gwyddwn i amdano. Mi aeth Eryl a fi at y ffenest unwaith a gweld y teulu'n cael te a hogan bach mewn ffrog las golau yn codi'i llaw arnan ni a gwenu. Yr adeg honno, 'i gweld hi'n braf ar yr hogan bach yn byw yn y castell oeddan ni, heb feddwl efallai'i bod hi'n gweld hi'n braf arnan ni yn cael chwarae allan. Wrth gymryd y ffordd o'r Ceunant i fyny am Clegir, mi awn heibio i'r Castell a heibio i lyn gwneud cyn dod at fy llecyn i uwchben Cwm y Glo.

O gymryd llwybr arall, mi fyddwn yn mynd heibio i Ben Bwlch lle arferai Dad a'i ffrind, oedd yn byw drws nesaf, fynd erstalwm. Mi anfonodd Yncl Bob gerdd annwyl, bedair pennill, o'i waith ei hun i mi ar ôl marw Nhad. Mae'r ddau bennill yma yn rhoi blas ar y ffordd yr oeddwn innau'n teimlo hefyd. Yr unig wahaniaeth oedd fy mod i'n mynd ar fy mhen fy hun:

A chofiaf yr oriau didramgwydd
A dreuliais lawer dydd o haf
Yn porthi ar wledd o freuddwydion
Yng nghwmni fy nghyfaill yn braf.

Roedd bywyd yn symlach ei wead
A nwyd ein gobeithion ynghynn;
Rhyw oriau rhyfeddol eu deunydd
Dreuliasom yn ddistaw bryd hyn.

Harddwch naturiol sydd i'w weld o nghwmpas i. Y pentre i lawr yn y gwaelodion a chadernid Eryri yn ei gogoniant. Cyn dechrau ar y daith o ysgrifennu'r hunangofiant hwn, mi ddois i yma i sefyll a hel meddyliau am fy mhlentyndod. Y pentre oedd y prif ddiddordeb i mi bryd hynny, y llyn a Brynrefail lle'r oedd fy hen ysgol i. Erbyn i mi ddod yn ôl cyn i mi orffen y llyfr, mi godais fy ngolygon ychydig at bentre Dinorwig, a chofio Mam yn sôn am hen fodryb iddi hi, Anti Catrin, na fuo hi erioed yng Nghaernarfon er 'i bod hi'n cadw siop. Cafodd fyw i weld y teledu'n cyrraedd, a methu deall pam nad oedd yr eira'n toddi ar y bocs er bod tanllwyth o dân yn yr ystafell. Mi fydda hi'n gwneud eli llosg eira, a byth yn codi arian amdano fo, na Taid ar ei hôl hi; mi fydda yna alw mawr am eli llosg eira erstalwm.

Does gen i ddim diddordebau, dim ond cerdded, ac mi fydda i'n mwynhau cerdded ble bynnag y bydda i. Cerdded i ymlacio, fel mae John yn chwarae golff i ymlacio. Yn fy meddwl i dwi'n eitha cerddwr. Pan oedd Guto ryw chwech oed, a fynta am i ni fynd dros ryw wal fechan, a finna ofn baglu, mi ddywedais y peth cyntaf ddaeth i'm meddwl i. Dweud 'nes i 'y mod i'n rhy hen i fynd dros ben waliau. Yr ateb ges i oedd, 'Dwyt ti ddim yn hen, dim ond dy wallt di'. Dechrau cael ambell flewyn gwyn yr oeddwn i bryd hynny.

Doedd yr un blewyn gwyn ar 'y mhen i pan ddois i i'r llecyn yma gyntaf. Mae yna dipyn o ddŵr wedi mynd dan y bont, a rheseidiau o eiriau wedi eu dweud, ers hynny.

GEIRIAU

Ni wn, yn wir, pa hawl a roed i mi
I chwarae campau â'ch hanfodau chwi.

A'ch trin a'ch trafod fel y deuai'r chwiw,
A throi a throsi'ch gogoniannau gwiw,

Ond wrth ymyrraeth a chwi oll ac un
Mi gefais gip ar f'anian i fy hun.

T. H. Parry-Williams